AUTORI

Paolo Crippa (23 aprile 1978) coltiva sin dai tempi del Liceo la passione per la Storia italiana, soprattutto della Seconda Guerra Mondiale. Le sue ricerche si incentrano soprattutto nel campo della storia militare ed in particolare sulle unità corazzate a partire dagli anni '30 fino alla fine della Seconda Guerra Mondiale. Nel 2006 pubblica il suo primo volume, "I Reparti Corazzati della Repubblica Sociale Italiana 1943/1945", prima ricerca organica compiuta e pubblicata in Italia sull'argomento, a cui fanno seguito "Duecento Volti della R.S.I." (2007) e "Un anno con il 27° Reggimento Artiglieria Legnano" (2011). Ha all'attivo una quarantina di articoli per le riviste Milites, Historica Nuova, SGM – Seconda Guerra Mondiale, Batailes & Blindes, Mezzi Corazzati e Storia del Novecento, sia come autore, sia in collaborazione con altri ricercatori. Ha realizzato collaborazioni e consulenze per altri autori nella stesura di testi storico – uniformologici. Con Mattioli 1885 ha pubblicato "Italia 43 – 45 – I blindati di circostanza della Guerra Civile" (2014), "I mezzi corazzati della Guerra Civile 1943 -1945" (2015) e Italia 43 – 45 – I mezzi delle unità cobelligeranti (2018).

Paolo Crippa (23 April 1978) has cultivated his passion for Italian history since high school. His research interests are focused mainly in the field of military history and in particular on italian armored units from the 30s until the end of World War II. In 2006 he published his first volume, "I Reparti Corazzati della Repubblica Sociale Italiana 1943/1945", the first organic research carried out and published in Italy on the subject. In 2007 he published "Duecento Volti della R.S.I." and in 2011 " Un anno con il 27° Reggimento Artiglieria Legnano". He regularly contributes to several journals: Milites, New Historica, SGM - World War II, Batailes & Blindes, Armoured Vehicles and history of the twentieth century, Mezzi Corazzati, both as an author, or in collaboration with other researchers. He published with the editor Mattioli 1885 in 2014 "Italy 43 – 45 – Civil War improvised AFV's" (2014), "Italian AFV's of the Civil War 1943 - 1945" (2015) and "Italy 43 – 45 – AFV's and MV's of co-belligerent units" (2018).

Carlo Cucut è nato a Nole (TO) nel 1955. Ha coltivato la passione per la storia sin da ragazzo e negli anni ha approfondito questo interesse dedicandosi alla ricerca storica. Ha pubblicato articoli sulle riviste: "Storia del XX Secolo", "Storie & Battaglie", "Milites" e "Ritterkreuz". In campo editoriale ha pubblicato vari volumi per Marvia Edizioni: "Penne Nere sul confine orientale. Storia del Reggimento Alpini "Tagliamento" 1943-1945", vincitore del Premio De Cia; "Attilio Viziano. Ricordi di un corrispondente di guerra"; "Forze Armate della RSI sul fronte orientale"; "Forze Armate della RSI sul fronte occidentale"; "Forze Armate della RSI sulla linea Gotica"; "Alpini nella Città di Fiume 1944-1945". Per il Gruppo Modellistico Trentino ha pubblicato "Le forze armate della RSI 1943-1945. Forze di terra".

Carlo Cucut was born in Nole (TO) in 1955. He cultivated a passion for history as a boy and over the years has deepened this interest by dedicating himself to historical research. He published articles in the italian magazines: "Storia del XX Secolo", "Storie & Battaglie", "Milites" and "Ritterkreuz". He published various volumes for Marvia Edizioni: "Penne Nere on the eastern border. History of the Alpini's Regiment "Tagliamento" 1943-1945 ", winner of the "De Cia" Award; "Attilio Viziano. Memories of a war correspondent "; "Armed Forces of RSI on the eastern front"; "Armed Forces of RSI on the Western Front"; "Armed Forces of RSI on the Gothic Line"; "Alpini in the City of Rijeka 1944-1945". For the Trentino Modeling Group he published "The armed forces of RSI 1943-1945. Land forces ".

PUBLISHING'S NOTES

None of unpublished images or text of our book may be reproduced in any format without the expressed written permission of Luca Cristini Editore (already Soldiershop.com) when not indicate as marked with license creative commons 3.0 or 4.0. Luca Cristini Editore has made every reasonable effort to locate, contact and acknowledge rights holders and to correctly apply terms and conditions to Content.

Every effort has been made to trace the copyright of all the photographs. If there are unintentional omissions, please contact the publisher in writing at: info@soldiershop.com, who will correct all subsequent editions.

Our trademark: Luca Cristini Editore@, and the names of our series & brand: Soldiershop, Witness to war, Museum book, Bookmoon, Soldiers&Weapons, Battlefield, War in colour, Historical Biographies, Darwin's view, Fabula, Altrastoria, Italia Storica Ebook, Witness To History, Soldiers, Weapons & Uniforms, Storia etc. are herein @ by Luca Cristini Editore.

LICENSES COMMONS

This book may utilize part of material marked with license creative commons 3.0 or 4.0 (CC BY 4.0), (CC BY-ND 4.0), (CC BY-SA 4.0) or (CCo 1.0). We give appropriate attribution credit and indicate if change were made in the acknowledgments field. Our WTW books series utilize only fonts licensed under the SIL Open Font License or other free use license.

For a complete list of Soldiershop titles please contact Luca Cristini Editore on our website: www.soldiershop.com or www.cristinieditore.com.
E-mail: info@soldiershop.com

Titolo: **MILIZIA DIFESA TERRITORIALE E GUARDIE CIVICHE NELL'O.Z.A.K. 1943-1945** Code.: **WTW-008 IT**
Di Carlo Cucut e Paolo Crippa.
ISBN code: 978-88-93275484 prima edizione febbraio 2020
Lingua: Italiano Nr. di immagini: 86 dimensione: 177,8x254mm Cover & Art Design: Luca S. Cristini

WITNESS TO WAR (SOLDIERSHOP) is a trademark of Luca Cristini Editore, via Orio, 35/4 - 24050 Zanica (BG) ITALY.

WITNESS TO WAR

MILIZIA DIFESA TERRITORIALE E GUARDIE CIVICHE NELL'O.Z.A.K. 1943-1945

PHOTOS & IMAGES FROM WORLD WARTIME ARCHIVES

PAOLO CRIPPA - CARLO CUCUT

BOOKS TO COLLECT

INDICE

OPERATIONSZONE ADRIATISCHES KUSTENLAND O.Z.A.K. .... Pag. 5

MILIZIA DIFESA TERRITORIALE .... Pag. 7

    Comando Superiore Milizia Difesa Territoriale .... Pag. 8

    Battaglione Speciale O.P. di Trieste .... Pag. 9

    1° Reggimento M.D.T. (58ª Legione) "San Giusto" .... Pag. 15

    2° Reggimento M.D.T. (60ª Legione) "Istria" .... Pag. 21

    Compagnia "Mazza di Ferro" .... Pag. 34

    3° Reggimento M.D.T. (61ª Legione) "Carnaro" .... Pag. 41

    4° Reggimento M.D.T. (62ª Legione) "Gorizia" .... Pag. 55

    5° Reggimento M.D.T. (63ª Legione) "Friuli" .... Pag. 60

    Centro Preparazione S.A.F. .... Pag. 62

    M.D.T. Confinaria .... Pag. 62

    M.D.T. Speciali .... Pag. 63

    Armamento ed uniformi della M.D.T. .... Pag. 64

LE GUARDIE CIVICHE NELL'O.Z.A.K. .... Pag. 75

    La Guardia Civica di Trieste .... Pag. 76

    La Guardia Civica di Gorizia .... Pag. 79

    La Guardia Civica di Capodistria .... Pag. 80

    La Guardia Civica di Pordenone .... Pag. 82

Bibliografia .... Pag. 96

OPERATIONSZONE ADRIATISCHES KUSTENLAND – O.Z.A.K.

Con la proclamazione dell'Armistizio, l'Italia di fatto rimase divisa in due: le poche Regioni del Sud, già sotto il controllo delle forze Alleate, dove si erano rifugiati il Re ed il Maresciallo Badoglio, e la maggior parte del territorio del Centro-Nord che si apprestava ad essere diviso in due zone sotto il controllo tedesco, una Zona di Operazioni sotto il controllo del Maresciallo Rommel ed una Zona di occupazione sotto il Comando Militare tedesco. A far data dal 10 settembre, tutto il territorio che comprende le Province del Friuli-Venezia Giulia, la Provincia di Lubiana e l'Istria, considerato di vitale importanza per le linee di comunicazione e per il rifornimento dell'esercito tedesco in Italia, fu posto, su diretto ordine del Fuhrer, sotto la giurisdizione del Gauleiter Friedrick Alois Rainer. Era solo il primo passo verso la creazione dell'O.Z.A.K. (*Operationszone Adriatisches Kustenland – Zona di operazioni del Litorale Adriatico*). Di fatto, con questa mossa, i tedeschi intendevano estromettere questi territori dalla sovranità italiana, e procedere successivamente alla loro incorporazione all'Austria e quindi al Reich. Con la costituzione della Repubblica Sociale Italiana, il neonato Governo repubblicano cercò di mantenere la giurisdizione su quelle terre italiche conquistate con il sacrificio di migliaia di soldati italiani durante la Prima Guerra Mondiale: lo scontro tra autorità italiane e le autorità dell'O.Z.A.K., chiaramente filoaustriache fu lungo e violento. In tutti i campi il Gauleiter Rainer cercò, riuscendovi quasi sempre, di imporre le sue direttive, anche se in alcuni casi dovette recedere, è il caso, ad esempio, dell'Amministrazione della Giustizia, dove il Ministro friulano Piero Pisenti, riuscì a far si che venisse mantenuto il Codice italiano. L'atteggiamento chiuso, diffidente e provocatorio di Rainer, si scontrò anche con i vertici militari italiani locali, mentre i rapporti degli italiani con i vertici della Wehrmacht erano improntati alla massima collaborazione. Di fatto si giunse ad una divisione dei compiti in ambito militare: la lotta contro i partigiani, italiani e slavi, era di competenza della Struttura politico-militare per la Sicurezza, in sostanza delle SS, mentre la difesa costiera e della linea del fronte era di competenza del LXXXVII Armeekorps della Wehrmacht. Questo dualismo fu fonte di errori tattici durante la lotta contro i titini, di mancati interventi tempestivi a supporto dei reparti italiani duramente impegnati in combattimento, di carenza di informazioni di carattere tattico e strategico che avrebbero potuto migliorare lo svolgimento di operazioni antipartigiane, della scarsa fornitura ai Reparti italiani di armamenti adeguati e di materiale per migliorare le postazioni difensive, insomma di tante situazioni che provocarono pesanti perdite tra le unità italiane schierate nelle numerose postazioni difensive nel Litorale Adriatico. L'adesione volontaria a milizie fasciste era l'unica forma di collaborazione armata che il Comando germanico permise. Quando infatti il governo della R.S.I. tentò di organizzare anche nell'O.Z.A.K. reparti di richiamati alla leva, fu imposto dai tedeschi di revocare immediatamente ogni provvedimento, tanto che, per informare anche i cittadini di queste direttive, sul quotidiano di Trieste "Il Piccolo" fu pubblicato un ordine del Commissario Rainer che sottolineava come "[...] *richiami ed arruolamenti nel Litorale Adriatico possono avvenire solo su base volontaria*[1]".

Pochi mesi più tardi, l'8 marzo 1944, fu lo stesso Rainer a firmare però il decreto per la mo-

---

[1] "Il Piccolo", 11 novembre 1943.

bilitazione obbligatoria per i giovani delle classi 1923, 1924 e 1925, perché ai tedeschi serviva la collaborazione di elementi italiani per i cosiddetti compiti di *"difesa territoriale"*, cioè la repressione del fenomeno partigiano. Il bando imponeva la scelta di essere arruolati nell'Organizzazione T.O.D.T. o nei reparti della Repubblica Sociale, e la maggioranza, proprio per non esporsi politicamente, scelse il lavoro coatto. Una via di fuga fu offerta però dalla costituzione della Guardia Civica a Trieste, un'unità di autodifesa promossa dal Prefetto Coceani e dal Podestà Pagnini.

Il 22 giugno 1944 un'ordinanza del Maggiore Generale delle SS Mundhenke vietò *"a tutti i reparti di truppa e Comandi dipendenti di issare bandiere e gagliardetti dei propri colori nazionali"*, impedendo di fatto l'esposizione della bandiera tricolore.

Lo stesso Mussolini, preoccupato per la crescente snazionalizzazione della Venezia Giulia e dell'Istria, in favore di una politica filoaustriaca e filotedesca, inviò il Segretario del Partito Fascista Repubblicano e Ministro Segretario di Stato Alessandro Pavolini nel gennaio 1945 in visita a queste terre di fatto sottratte all'autorità della Repubblica Sociale Italiana. Pavolini si recò a Udine, Gorizia, Fiume, Trieste intrattenendosi con i rappresentanti del Partito Fascista Repubblicano, di cui raccolse le lamentele circa l'ingombrante alleato tedesco che favoriva l'elemento croato a discapito degli italiani. A Trieste, dove tenne un discorso improntato sulla difesa dell'italianità della città al Teatro "Verdi" di Trieste, Pavolini fu ricevuto dall'Alto Commissario Rainer, ma solo come Segretario del P.F.R. e non come Ministro della R.S.I., in segno di spregio verso l'autorità repubblicana. Una volta giunto alle porte di Pola, le autorità tedesche addirittura gli impedirono di visitare la, adducendo vacue motivazioni di ordine militare.

Ostacolando in tutti i modi il lavoro dei Comandi italiani, relegandoli di fatto ad una pura attività amministrativa, ostacolando le visite ai reparti dei comandanti locali, cercando in ogni modo di recidere ogni contatto con il Governo della R.S.I., creando una situazione di contrapposizione tra la Wehrmacht e le SS sulla gestione delle unità italiane, agevolando la presenza sul territorio italiano delle formazioni collaborazioniste slovene e croate, che spesso rischiarono di entrare in conflitto con i nostri militari, ed esautorando quei comandanti che tentavano di ostacolare la sua politica filoaustriaca, Rainer ottenne il risultato di non permettere quella visione d'insieme che avrebbe consentito ai reparti italiani di difendere meglio il confine orientale dalle mire annessionistiche di Tito, creando così il tragico presupposto per l'epilogo vissuto dalle popolazioni del Friuli-Venezia Giulia e dell'Istria durante l'occupazione slava del maggio 1945, la tragedia delle foibe e quella delle centinaia di italiani scomparsi nel nulla.

Operationszone Adriatisches Kustenland
Giurisdizione: Province di Udine, Gorizia, Trieste, Pola, Fiume, Lubiana, Quarnaro, territori di Sussak, Buccari, Cabar, Castua, isola di Veglia.
Supremo Commissario: dottor Friedrich Rainer
Struttura politico-militare per la Sicurezza:
- Comandante: SS-Gruppenfüher Odilo Globocnik
- Capo di Stato Maggiore: Sturmbannfuher Ernst Lerch
- Wehrmacht: LXXXXVII Armeekorps (97° Corpo d'Armata da Montagna) - comandante: Generale Ludwig Kubler
- Kriegsmarine: Admiral Kommando "Adria"

MILIZIA DIFESA TERRITORIALE

In seguito all'ordinanza di costituzione dell'O.Z.A.K., le Province di Trieste, Gorizia, Udine, Pola, dell'Istria, del Quarnaro e quella di Fiume passarono sotto la gestione dall'Amministrazione Germanica. Tra le tante conseguenze di tale ordinanza, e quindi dell'ingerenza delle SS e degli altri organismi militari tedeschi, vi fu anche l'opposizione alla nascita di una Milizia che non fosse intesa se non come "Landschutz", cioè una unità di difesa del territorio.
Subito dopo l'Armistizio nelle regioni giuliane si erano ricostituite le locali Legioni della M.V.S.N., presso i Depositi e i Comandi Territoriali, coagulandosi intorno ai vecchi squadristi, alle Camicie Nere rientrate dai diversi fronti, ai giovani volontari che non avevano accettato l'Armistizio e di coloro che si erano riconosciuti nel nuovo fascismo repubblicano. L'attività principale di queste formazioni era il mantenimento dell'ordine pubblico e la lotta al movimento partigiano. Con Decreto Legislativo n° 913 del Duce il 24 dicembre 1943, con effetto retrodatato al 20 novembre, fu costituita la Guardia Nazionale Repubblicana, la formazione militare che, incorporò le specialità della Milizia, i Carabinieri e la P.A.I., con il compito di:

1) assicurare l'ordine interno
2) far rispettare le leggi della Repubblica Sociale Italiana
3) garantire l'ordinato svolgimento di tutte le manifestazioni della vita nazionale.

Anche le Legioni della Milizia presenti nel Litorale Adriatico avrebbero dovuto adottare questa denominazione, entrando a far parte del nuovo organismo. Le autorità tedesche, con l'intenzione di escludere ogni forma di influenza della R.S.I. nel territorio dell'O.Z.A.K., proibirono invece nella regione l'utilizzo della denominazione Guardia Nazionale Repubblicana, utilizzata solo pochi mesi a cavallo tra la fine del 1943 e l'inizio del 1944, ma, dopo non facili trattative, imposero alle formazioni della Milizia la denominazione di Milizia Difesa Territoriale (M.D.T.), formalmente parte della G.N.R., ma nella realtà autonoma.
Il Comando Generale della G.N.R. preso atto della situazione, emanò nel maggio 1944 una circolare nella quale ordinava la trasformazione della M.V.S.N. dell'O.Z.A.K. in M.D.T., istituiva un Comando Superiore della M.D.T. del Litorale Adriatico ed ordinava alle 5 Legioni della Milizia presenti nella regione di assumere la nuova denominazione di Reggimento Milizia Difesa Territoriale, di fatto la traduzione letterale della denominazione tedesca "Landschutz", con la quale furono continuati ad essere identificati i reparti della Milizia. Questa imposizione sul nome fu male accolta dagli appartenenti alle unità, anche se l'aver mantenuto il richiamo alle Legioni accanto alla nuova denominazione rese la situazione più accettabile.

Organigramma Legioni M.V.S.N. (*settembre – dicembre 1943*)
- Comando della VI Zona CC.NN. - Comandante: Console Generale Aristide Chiappa, successivamente Console Generale Italo Di Pasquale
- 55ª Legione "Alpina Friulana" con sede a Gemona
- 58ª Legione "San Giusto" con sede a Trieste
- 59ª Legione "Carso" con sede a Sesana (confluita successivamente nella 58ª Legione)
- 60ª Legione "Istria" con sede a Pola
- 61ª Legione "Carnaro" con sede a Fiume
- 62ª Legione "Isonzo" con sede a Gorizia
- 63ª Legione "Tagliamento" con sede a Udine

Organigramma M.D.T. (*dal dicembre 1943*)
- Comando Superiore (Trieste)
- 1° Reggimento (58ª Legione) "San Giusto"
- 2° Reggimento (60ª Legione) "Istria"
- 3° Reggimento (61ª Legione) "Fiume"
- 4° Reggimento (62ª Legione) "Gorizia"
- 5° Reggimento (63ª Legione) "Udine[2]"
- M.D.T. Confinaria (1 Battaglione e 3 Compagnie Autonome Confinaria)
- M.D.T. Speciali:
  - M.D.T. Postelegrafonica
  - M.D.T. Forestale
  - M.D.T. Ferroviaria
  - M.D.T. Portuaria
  - M.D.T. Stradale

Ogni Reggimento della M.D.T. disponeva di un ufficiale tedesco di Polizia che fungeva da collegamento con l'Ordnungspolizei a Trieste e da guida operativa e del proprio Ufficio Politico Investigativo (U.P.I.), che raccoglieva le informazioni riguardanti le azioni, gli elementi, la dislocazione delle brigate partigiane.

La Milizia Difesa Territoriale, incluse le sue Specialità, raggiunse una forza complessiva di 10.144 uomini.

Comando Superiore Milizia Difesa Territoriale

Dopo l'arresto di Mussolini, il Comando della VI Zona Camicie Nere di Trieste fu retto dal Generale Lorenzo Mugnati del Regio Esercito. Con l'Armistizio e la successiva occupazione tedesca della città, il comando fu trasferito al Console Generale Italo Di Pasquale fino al 28 gennaio 1944, successivamente sostituito dal Maggiore Generale Ambrogio Battiston[3] ed infine fu retto dal Console Generale (poi Maggiore Generale) Angelo Sommavilla[4].

Con la nascita della Milizia Difesa Territoriale, il Comando della VI Zona Camicie Nere mutò il nome dapprima, per un breve tempo, in Ispettorato della Milizia Difesa Territoriale per poi assumere la denominazione definitiva di Comando Superiore Milizia Difesa Territoriale, da cui dipendevano i Reggimenti e le Milizie Speciali.

Per la ferma opposizione delle autorità germaniche di costituire Grandi Unità italiane nell'O.Z.A.K., il Comando non svolse mai compiti operativi e fu relegato ad incarichi puramente burocratici. Non fu dunque possibile trasformare l'organismo della M.D.T. in una vera Divisione organica ed il potere decisionale spettava, di fatto ai comandi militari tedeschi.

Il 20 novembre 1944 il Generale Angelo Sommavilla, Comandante della Milizia Difesa Territoriale, fu ricevuto al Quartier Generale a Gargnano, presso Villa Orsoline da Benito Mus-

---

2 Complessivamente i 5 Reggimenti erano composti da 14 Battaglioni e 3 Compagnie Autonome.
3 Secondo Stefano Di Giusto si tratta invece del Maggiore Generale Augusto Bastianon.
4 Secondo talune fonti, dal Comando Superiore della M.D.T. dipendevano anche i seguenti reparti:
- Compagnia Addestrativa (in realtà dipendente dal 2° Reggimento)
- Scuola Allievi Ufficiali e Sottufficiali (in realtà dipendente dal 2° Reggimento)
- Battaglione Complementi (in realtà dipendente dal 2° Reggimento)
- V Battaglione Italiano di Polizia a Gorizia
- Guardia Civica di Trieste
- Guardia Civica di Gorizia
- Battaglione Servizi Speciali e d'Istituto a Udine, formato da Carabinieri (che in realtà faceva parte del 5° Reggimento).

solini. Sommavilla era accompagnato dal Tenente Colonnello Giuseppe Porcu, Comandante del 3° Reggimento M.D.T. "Carnaro", dal Colonnello Attilio De Lorenzi, Comandante del 5° Reggimento M.D.T. "Friuli", e dal Maggiore Gualtiero Plisca, Comandante del 1° Reggimento "San Giusto". Quest'ultimo consegnò a Mussolini un documento contenente una lunga relazione sull'attività svolta dal 1° Reggimento, mentre De Lorenzi e Porcu regalarono al Duce delle pergamene ricordo della 61ª Legione "Gabriele d'Annunzio" di Fiume e della 63ª Legione "Tagliamento" di Udine, progenitrici dei rispettivi Reggimenti della Milizia.

Alla fine di aprile il Comando ripiegò verso il valico di Tarvisio, raggiungendo il basso Isonzo il 30 aprile 1945, dove si era radunato anche il 1° Reggimento M.D.T., e si sciolse lo stesso giorno.

Battaglione Speciale O.P. di Trieste

Questo Battaglione fu l'antesignano dei Reggimenti della M.D.T, nei quali confluirono tutti i suoi effettivi nella primavera del 1944. Il Battaglione traeva origine dalla 137ª Legione d'Assalto Camicie Nere, costituita dal 137° e dal 134° Battaglione Camicie Nere, che si trovava in Croazia al momento dell'Armistizio, alle dipendenze della Divisione "Lombardia".

Alla notizia dell'Armistizio la Divisione "Lombardia" cadette le armi, mentre la 137ª Legione CC.NN., decisa a continuare la lotta, iniziò una marcia di ripiegamento attraverso la Slovenia, fino a San Pietro del Carso, dove le Camicie Nere furono prese in consegna come prigionieri dalla locale guarnigione tedesca. Dopo essere stati trasferiti in una caserma di Postumia, gremita di soldati italiani sbandati in attesa del loro destino, i Legionari, guidati dal Capitano Giovanni Downie, chiesero alle autorità tedesche di poter riprendere a combattere sotto le insegne della R.S.I., che nel frattempo era stata costituita. I Legionari furono così trasferiti a Trieste presso la sede della 58ª Legione, dove si procedette al loro riarmo, costituendo dapprima il Battaglione Speciale "S. Giusto". Il reparto, così formato già nel mese di settembre con i giovani volontari accorsi alla caserma di via Gambini, venne ospitato nella caserma "Vittorio Emanuele III" di via Rossetti, ribattezzata "Ettore Muti". L'enorme edificio, che aveva ospitato la Brigata "Sassari", era rimasto vuoto e i volontari accorsi trovarono numerose camerate vuote disponibili. Al comando del reparto fu mandato un anziano ufficiale di Pola, il Sottotenente Romano Baxa, che ebbe il compito di dare un po' di spirito militare a quei ragazzi. Il neocostituito Battaglione Speciale O.P. (Ordine Pubblico) di Trieste era organizzato su:

- Comando
- 1ª Compagnia fucilieri (a Trieste)
- 2ª Compagnia fucilieri (a Parenzo, Visignano, Mompaderno)
- 3ª Compagnia fucilieri (a Lupogliano, Lanischie, Baetto)
- 4ª Compagnia fucilieri (ad Assia)
- 5ª Compagnia fucilieri (a Buie, Umago, Visinada)
- 6ª Compagnia fucilieri (a Pinguente)
- 7ª Compagnia mitraglieri (con aliquote suddivise tra le varie Compagnie)

Il comando fu affidato inizialmente al Maggiore Filtri, a cui subentrò il Tenente Colonnello Rossetti e, infine, il Maggiore Roman. I reparti furono armati con armi italiane, moschetti 91 e mortai leggeri Brixia da 45mm.

La 5ª Compagnia fucilieri, comandata dal Capitano Downie, vera anima promotrice della nascita del reparto, fu la prima a raggiungere la massima efficienza e fu fatta sfilare per le vie di Trieste per dimostrare alla popolazione, fortemente provata dalla presenza tedesca e dalla pressione titina, che si stava riorganizzando un Esercito italiano in difesa della Venezia Giulia. La Compagnia del Capitano Downie fu l'unico reparto organico a partecipare all'Operazione "Nubifragio"[5], entrando il 4 ottobre a Buie, il 5 ad Umago e, nei giorni seguenti, procedendo alla liberazione dalle milizie slave a Mompaderno, Visinada, Visignano e Parenzo, stabilendo in ogni località dei presidi a difesa della popolazione. In alcune di queste località, come Pisino, Portole, Levade, Montona Santo Stefano e Pirano, i cittadini formarono volontariamente delle piccole milizie, che operarono per breve tempo in appoggio all'attività della 5ª Compagnia. Nelle successive settimane di ottobre ben 5 Compagnie del Battaglione furono impiegate tra Trieste e Gorizia per presidiare la zona e le vie di comunicazione, dopo che la vasta operazione tedesca "Nubifragio" aveva scacciato dall'Istria bande di partigiani slavi. Proprio durante questo ciclo di operazioni, il 7 ottobre, fu assassinato Giuseppe Cossetto, che era aggregato alla 5ª Compagnia. Giuseppe era il padre della tristemente famosa Norma Cossetto, giovane studentessa di Visinada (in Istria), sequestrata dai partigiani titini dopo l'Armistizio, per rappresaglia contro la famiglia ed in particolar modo contro il padre, dirigente locale del Partito Nazionale Fascista. Il padre di Norma, allontanatosi dal reparto per andare in cerca della figlia, cadde in un agguato teso dai partigiani, ignaro del fatto che la ragazza era già stata brutalmente seviziata dagli slavi e gettata ancora viva in una foiba nei pressi di Pisino.

I presidi del Battaglione controllarono la regione istriana per tutto l'inverno 1943 – '44, contenendo per quanto possibile la presenza dei partigiani slavi e permettendo di procedere con il recupero delle salme degli italiani gettati nelle foibe tra il settembre e l'ottobre 1943.

All'inizio di febbraio i presidi del Battaglione furono investiti da un'offensiva slava, che fu in breve respinta. Le perdite maggiori si registrarono il giorno 2, quando una colonna, composta da 46 militi del Battaglione O.P. e 34 soldati della Polizei, a bordo di 8 autocarri ed un'autoblinda, fu fatta segno di un poderoso attacco di partigiani, sostenuto anche da cannoni anticarro, nei pressi di Rifembergo (Gorizia). Al termine del tremendo combattimento, durato 5 ore, tutti i militari repubblicani e tedeschi giacevano morti sul campo, ad eccezione di un unico sopravvissuto italiano, sfuggito rocambolescamente. Una colonna di soccorso dell'SS-Karstwher Bataillon, inviato da Gradisca d'Isonzo, giunse troppo tardi e poté solamente constatare l'entità della strage.

Nella primavera del 1944 il Battaglione Speciale O.P. fu di fatto sciolto, in seguito ad una riorganizzazione organica, conseguente alla costituzione della Milizia di Difesa Territoriale, e le sue Compagnie confluirono nel I Reggimento della Milizia.

---

5 L'operazione "Nubifragio" ("Wolkenbruch") fu un'offensiva militare tedesca su larga scala, che ebbe inizio il 2 ottobre 1943. Con l'obiettivo di assumere il controllo della Venezia Giulia, della provincia di Lubiana e dell'Istria, che erano state occupate dai partigiani jugoslavi, dopo l'Armistizio. Al comando del Generale delle SS Paul Hausser, frono impiegate la SS-Division "Leibstandarte SS Adolf Hitler", la 7. SS-Gebirgsdivision "Prinz Eugen", unità della 162. Turkmenische Infanterie-Division, la 24. Panzer-Division, la 44. Reichs-Grenadierdivision e la 71. Infanterie-Division, oltre a ridotte unità fasciste da poco ricostituite, tra cui la 5ª Compagnia del Battaglione Speciale OP di Trieste. Le truppe entrarono in Istria su tre colonne, dopo forti bombardamenti preparatori, annientando i reparti partigiani che si ritirarono all'interno. Nuclei della resistenza cercarono di rallentare i tedeschi, che reagirono colpendo la popolazione civile, anche di etnia italiana, con fucilazioni indiscriminate, violenze, incendi di villaggi e saccheggi. L'operazione "Wolkenbruch" si concluse il 9 ottobre con la conquista di Rovigno. Il sistematico rastrellamento dell'Istria andò però avanti per tutto il mese di ottobre e furono colpiti con brutalità non solo il movimento partigiano, ma soprattutto civili, sia italiani che slavi., causando circa 2.500 vittime.

▲ La Zona d'Operazioni del Litorale adriatico o O.Z.A.K. (acronimo di "Operationszone Adriatisches Küstenland") comprendeva le province italiane di Udine, Gorizia, Trieste, Pola, Fiume e Lubiana, sottoposta alla diretta amministrazione militare tedesca e quindi di fatto sottratta al controllo della Repubblica Sociale Italiana.

ORGANIGRAMMA MILIZIA DIFESA TERRITORIALE

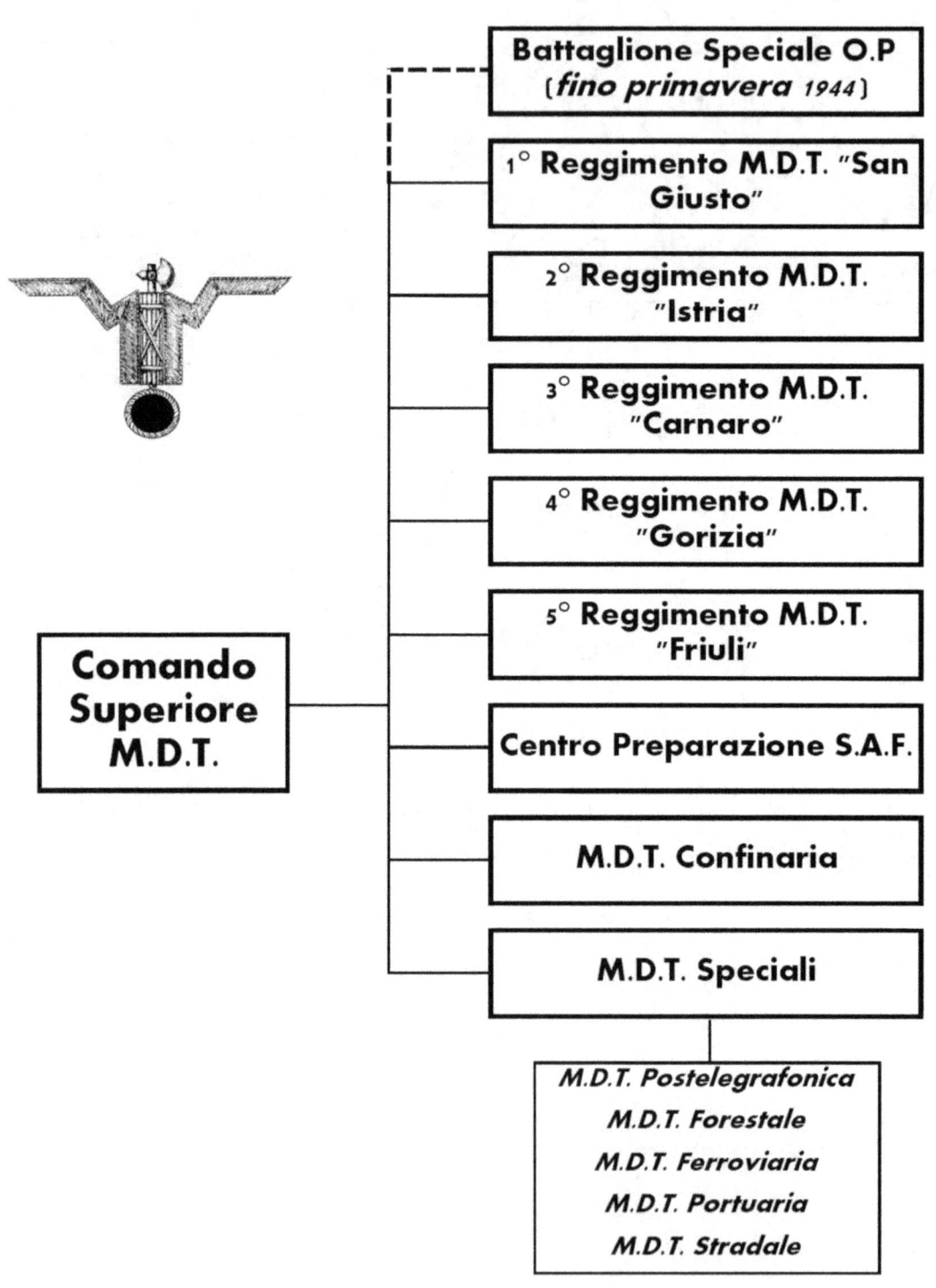

▲ Il 20 aprile 1944 le autorità germaniche organizzarono a Trieste una spettacolare parata militare, in occasione del compleanno di Adolf Hitler, che vide la partecipazione in massa delle Forze Armate tedesche, quale prova di forza anche nei confronti della popolazione italiana. Sul palco delle autorità troviamo, da sinistra, l'SS-Gruppenfüher Odilo Globocnik, il Commissario Supremo dell'O.Z.A.K. dottor Friedrich Rainer, il Generale Ludwig Kubler ed il Generale Harry Hoppe (Adria Illustrierte).

▼ Un'altra immagine della sfilata di Trieste, che si concluse con il concentramento di tutti i reparti davanti al Palazzo di Giustizia della città. La partecipazione italiana fu assolutamente marginale. Un'analoga manifestazione si svolse contemporaneamente anche a Lubiana (Adria Illustrierte)

▲ Un reparto delle SS sul lungomare di Trieste, sfila davanti alle autorità militari tedesche. (Adria Ilustrierte).

▼ Un reparto della R.S.I. sfila davanti a Globoknik e Kubler (Adria Illustrierte).

▲ Un legionario della neo ricostituita Milizia in Venezia Giulia fraternizza con un soldato tedesco (Arena)

▼ Militi della neo ricostituita Milizia in atteggiamento cameratesco con soldati tedeschi: alcuni di essi provengono dai Battaglioni "M".

▲ Le Camicie Nere della 137ª Legione d'Assalto CC.NN. Dopo l'Armistizio decisero di continuare la guerra a fianco delle Forze Armate tedesche. Dopo un travagliato periodo, osteggiati dagli stessi tedeschi, riuscirono ad organizzare un Battaglione O.P. nella città di Trieste (Arena).

► Il concentramento finale delle truppe davanti al Palazzo di Giustizia di Trieste. Nessuna bandiera tricolore è esposta, in spregio all'italianità della regione: solo un piccolo stemma del comune di Trieste fa capolino su una colonna del palazzo (Adria Illustrierte)..

1° Reggimento M.D.T. (58ª Legione) "San Giusto"

Il 1° Reggimento "San Giusto" traeva origine dalla sede di mobilitazione della 58ª Legione CC.NN. "San Giusto" e, per il resto, dal CXXXIV Battaglione d'Assalto CC.NN., che era rientrato dalla Slovenia orientale in perfetta efficienza, e dalla 137ª Legione d'Assalto CC.NN. che, come abbiamo visto, all'Armistizio aveva rifiutato di cedere le armi ai titini, come fatto dalla G.U., e si era aperta la strada verso la Slovenia, dove era stata fermata dai tedeschi[6]. Trasferiti a Trieste, si procedette al loro riarmo, costituendo dapprima il Battaglione Speciale "S. Giusto" poi, con l'arrivo di nuovi volontari e di legionari, gli altri reparti.

Iniziò quindi l'attività operativa che si concluse solo con la fine del conflitto. L'attività svolta dai Reparti del 1° Reggimento M.D.T. "San Giusto" fu quella di presidio e controllo del territorio, repressione del crimine, lotta alle bande partigiane, difesa delle infrastrutture dagli attentati e dai sabotaggi; attività svolta con la formazione di presidi e capisaldi, con azioni di rastrellamento e di controguerriglia.

Le prime azioni svolte furono essenzialmente indirizzate in due direzioni. La prima fu quella di scortare gli automezzi che portavano i militi a riaprire le caserme e i presidi in Istria, che era stata appena liberata dalle bande di Tito dai reparti tedeschi ai primi di ottobre. Percorrere le strade istriane in quei giorni significava vedere ad ogni passo file di cadaveri di partigiani con la stella rossa ai bordi delle strade. Erano quelli che avevano tentato di contrastare, ma erano stati spazzati via, l'avanzata dei reparti tedeschi appoggiati da mezzi corazzati, ma anche quelli che avevano cominciato a riempire le foibe dell'Istria di tanti italiani. La popolazione, nel vedere di nuovo soldati che vestivano le divise grigioverdi, li applaudiva e li confortava di un totale appoggio, erano l'Italia che tornava.

L'altra direzione fu di creare e poi rifornire i presidi nel Carso a nord di Trieste, in particolare a Comeno ed a Rifembergo. Nei presidi vennero inviati militi anziani, esperti di guerra, mentre i giovani ed inesperti legionari avevano il compito di scortare le colonne che portavano viveri e munizioni a quei caposaldi[7].

Particolarmente difficile fu la situazione dei vari presidi e capisaldi, sistematicamente soggetti ad attacchi diurni e notturni, effettuati da formazioni partigiane molto più consistenti dei difensori e con una notevole potenza di fuoco, difficili da rifornire, visto che le colonne dei rifornimenti erano sempre a rischio di imboscate, frequentemente isolati per l'accerchiamento da parte delle formazioni dei ribelli ed impossibilitati a richiedere ed ottenere l'aiuto necessario che significava la salvezza. Sono decine e decine gli episodi che coinvolsero tutte le località ove erano presenti i militi del "San Giusto", così come innumerevoli furono gli scontri a fuoco durante azioni di controllo effettuate sul territorio.

Estremamente importante fu l'attività di investigazione svolta dall'U.P.I. e dai Reparti del Reggimento, che portò alla cattura di molti esponenti delle formazioni comuniste, italiani e slavi, autori di delitti, attentati e sabotaggi nelle varie località della Provincia e nella stessa città di Trieste.

---

6 Si veda il precedente capitolo *"Battaglione Speciale O.P. di Trieste"*

7 Trascriviamo la testimonianza di un reduce del Reparto, Claudio de Ferra: *"Arrivavamo, dopo aver caricato il materiale ad Opicina, su quelle strade infide dove fra i boschi intravedevamo gli attendamenti partigiani. Davanti al presidio di Rifembergo c'era ogni volta una bella raccolta di bombe a mano inesplose, di bossoli di mitragliatrice, di schegge di mortaio. Venivano i brividi. I militi erano là a guardarci come morituri e noi a loro: "Ah, di giorno si respira, ma di notte è l'inferno. Vengono sotto ad assaltare il presidio e poi alla mattina si portano via i loro morti e feriti. Non so quanto durerà ancora prima che ci facciano tutti fuori". Al ritorno ogni volta ringraziavamo la Madonna che ci aveva salvato."*

I Reparti del "San Giusto" parteciparono anche ad azioni di rastrellamento, in collaborazione con altri Reparti della M.D.T. e tedeschi, e di protezione degli operai impegnati nella riparazione di opere stradali e ferroviarie danneggiate dalle azioni dei partigiani.

L'episodio più grave, che colpì il 1° Reggimento "San Giusto", avvenne in data 2 febbraio 1944, quando l'autocolonna del I Battaglione, che trasportava rifornimenti e rinforzi al presidio di Rifembergo, cadde in un'imboscata, nel corso della quale rimasero uccisi 46 legionari. L'autocolonna, partita da Trieste e formata da 8 camion e un'autoprotetta, al comando del Capitano Costantini e del Tenente Mombelli, aveva il compito di rifornire i presidi di Comeno e Rifembergo. A Comeno si era aggregato alla colonna un gruppo di 36 militari tedeschi con 4 camion, diretti sullo stesso itinerario, e altri 11 legionari. Quando la colonna giunse a circa 5 km da Rifembergo, in prossimità di una curva tra due boschi laterali, si trovò la strada sbarrata e venne improvvisamente presa sotto il fuoco incrociato di decine di armi automatiche. Dopo 5 ore di fuoco, finite le munizioni e con la maggior parte degli uomini uccisi, la reazione cessò ed i partigiani uscirono allo scoperto per finire i feriti. Dopo aver denudato i corpi e recuperato le armi, i cadaveri vennero caricati sui pianali dei camion e tutta la colonna venne data alle fiamme. Quando arrivarono i rinforzi si poté solamente procedere al pietoso recupero delle salme e soccorrere l'unico superstite, gravemente ferito, lasciato in vita perché creduto morto. In totale persero la vita 46 italiani e 39 tedeschi, ma non vennero mai recuperati i corpi di 11 legionari.

Il 1° Reggimento "San Giusto" cessò di esistere il tra il 29 e il 30 aprile 1945 nella zona del basso Isonzo e della Carnia.

Organigramma 1° Reggimento "San Giusto"

- Comando (Trieste)
    - Comandante: Console Angelo Sommavilla successivamente il Tenente Colonnello Gualtiero Plisca
    - Aiutante Maggiore: Maggiore Mingotti
    - Ufficiale Cappellano: Tenente Epaminonda Don Troja
    - Ufficiale "P": Capitano Giovanni Posabella
- Verbindungsoffizier: Hauptmann Strauch
- U.P.I. - Comandante: Capitano Corallo, successivamente Capitano Luigi Paraspin
- Nucleo S.A.F. - Comandante: Ausiliaria Gemma de Calò
- I Battaglione – Comandante: Maggiore Giuseppe De Guarino
    - 1ª Compagnia
    - 2ª Compagnia
    - 3ª Compagnia
- II Battaglione – Comandante: Maggiore Giovanni Downie, poi Capitano Giovanni Posabella ed infine Capitano Aldo Bampi
    - 4ª Compagnia - Comandante: Capitano Spanghero
    - 5ª Compagnia - Comandante: Capitano Arcieri
    - 6ª Compagnia - Comandante: Capitano de Cristoforis
    - 7ª Compagnia - Comandante: Capitano Posi
- III Battaglione Speciale O.P. (poi sciolto) – Comandante: Maggiore Tullio Filtri, successivamente Tenente Colonnello Luigi Rossetti

Il Reggimento aveva giurisdizione su buona parte della provincia di Trieste, con Comandi di Battaglione dislocati tra Trieste e Pieris, con una trentina di presidi, alcuni anche nel goriziano, addetti al controllo delle ferrovie Trieste-Pola-Fiume, Trieste-Postumia e Trieste-Monfalcone-Gorizia, di strade di grande comunicazione, opere e manufatti importanti, impianti civili e militari. I Comandi di Compagnia erano a: Ronchi dei Legionari, Monrupino, Monfalcone, Comeno, Rifembergo e con un reparto mobile a Gorizia. Inoltre, erano stati organizzati presidi a San Dorligo della Valle, Castel Lupogliano, Muggia, Gattinara, Longera, Sant'Antonio in Bosco, Bagnoli, Ceserano, Prebenico, Plava, Monte Castellier, Monte Guerca, Villa Opicina, Trieste, Comeno, Erpelle, Villa Decani, Pinguente, Monfalcone, San Quirico di Pinguente, Aurisina, Cave Auremiane, Lesecce, Divaccia, Draga, Sant'Elia, Moccò, Sesana e Gabrovizza. Il Reggimento nel dicembre 1943 aveva un organico di 1.337 uomini, suddivisi fra 55 ufficiali, 172 sottufficiali e 1.120 militi. Nel febbraio 1945 per il 1° Reggimento "San Giusto" risultava un organico di 48 ufficiali e 934 tra sottufficiali e militi.

Caduti

A dicembre 1944, i caduti del Reggimento superavano il centinaio di uomini ed in totale, alla data dello scioglimento alla fine di aprile 1945, i caduti accertati risultavano essere 324.

▲ Il 13 novembre 1943 sulla piazza principale di Capodistria, di fronte al Palazzo Pretorio, si tenne una manifestazione a sostegno delle Forze Armate repubblicane, con l'intento di incentivare il volontarismo degli abitanti della zona, a cui parteciparono alcuni autocarri corazzati. È la primissima testimonianza fotografica della presenza di mezzi blindati della Compagnia "Mazza di Ferro" della ricostituita Milizia (MNZ).

▲ In un'altra immagine della manifestazione della foto precedente si nota che uno dei militi a bordo di un FIAT 626 corazzato regge un labaro con la scritta "Mazza di Ferro". L'automezzo reca una vistosa mimetica a larghe chiazze verdi e marroni su fondo giallo sabbia e, sulla portiera anteriore, un grosso numero "1", dipinto in bianco, il cui significato non è noto (MNZ).

▼ Autorità militari tedesche ed italiane passano in rassegna un reparto della ricostituita Milizia in Venezia Giulia (Arena).

▲ Un legionario della neo ricostituita Milizia in Istria dopo l'Armistizio (Arena).

▲ Il 2 febbraio 1944 una colonna italo–tedesca fu attaccata da partigiani slavi nei pressi di Rifembergo. Dopo un lungo combattimento tutti i militari furono uccisi e tutti i veicoli dati alle fiamme. Nella foto un autocarro Fiat 665 Protetto, probabilmente del Battaglione O.P. di Trieste, distrutto dal fuoco (MNZ).

▼ Un'altra immagine scattata dopo la strage dei soldati italiani e tedeschi a Rifembergo. Solo un milite italiano riuscì a sfuggire miracolosamente alla morte.

2° Reggimento M.D.T. (60ª Legione) "Istria"

Il 2° Reggimento "Istria" venne costituito dal comandante Libero Sauro, figlio dell'eroe Nazario, già ufficiale di Marina come il padre, e successivamente inquadrato nella Milizia Volontaria di Sicurezza Nazionale. Il Reggimento sorse sui resti della 60ª Legione CC.NN. "Istria", nella cui sede di mobilitazione, dopo l'Armistizio, erano rimasti in armi 14 ufficiali, 25 sottufficiali e 146 legionari anziani, rinforzati da 48 volontari. Su questa base, accorpando tutti i nuclei di volontari che erano sorti un po' ovunque in Istria, a fine novembre il comandante Sauro costituì il Reggimento Volontari "Istria", poi confluito nella G.N.R., riuscendo in poco tempo a formare 2 Battaglioni (che diventarono 3 nel 1945), la Compagnia Autonoma "Tramontana" dislocata sull'isola di Cherso, la Compagnia Mobile "Mazza di Ferro" e il C.A.M., Centro Addestramento Militi.

L'attività bellica del 2° Reggimento M.D.T. "Istria" ebbe inizio immediatamente dopo la sua formazione, con la costituzione dei presidi nelle località da proteggere, la costruzione delle opere difensive necessarie, l'attività di controllo e sorveglianza del territorio. Il Reggimento si oppose anche alle ingerenze delle autorità tedesche, che cercavano di minare i sentimenti di italianità degli abitanti della regione, ed ebbe un ruolo fondamentale nel mantenere l'ordine pubblico con l'appoggio dei Carabinieri, che nell'OZ.A.K. non erano stati incorporati della Milizia Difesa Territoriale[8].

Iniziarono da subito i primi scontri nelle località di Gallesano, Marzana, Parenzo, Capodistria, Rovigno, Arsia, con i primi legionari Caduti sotto il fuoco slavo. Gli attacchi alle colonne dei rifornimenti e ai presidi sparsi nell'Istria furono numerosissimi e cruenti, molti portati dai partigiani del Battaglione italiano "Budicin".

L'intensità degli scontri, rilevata dalla sequenza cronologica mensile, ebbe una recrudescenza a partire dal mese del gennaio 1944, un elenco che, pur nell'arido dato delle cifre, lascia intravedere quale sia stata la situazione vissuta dai militi e quali siano state le conseguenze in termine di perdite umane: a gennaio 4 scontri, 13 a febbraio, 22 a marzo, 20 ad aprile, 54 a maggio, 34 a giugno, 21 a luglio, 16 ad agosto, 22 a settembre, 23 a ottobre, 7 a novembre, 14 a dicembre. Mancano i dati relativi ai combattimenti sostenuti dalla costituzione fino a dicembre 1943, perché la documentazione del reparto andò distrutta a seguito di un'incursione aerea il 19 gennaio 1945.

Tra i principali attacchi ai presidi, vogliamo ricordare quello del 13 giugno a Santa Domenica d'Albona, dove 22 militi, al comando del Sottotenente Apollonio, attaccati da circa 400 partigiani della Brigata "Gortan", resistettero fino a quando ebbero terminato le munizioni, Al termine dello scontro, mentre i superstiti venivano tradotti come prigionieri a Lizzul, il Sottotenente Apollonio, dopo essere stato seviziato, venne freddato con una raffica di mitra. Nel tentativo di liberare il presidio di Santa Domenica d'Albona, il Reggimento perdette altre decine di uomini tra morti e feriti. Il 30 giugno 1944 fu investito il presidio di Santo Stefano di Portole, che era posto a guardia della centrale idrica di sollevamento.

---

8 Nel resto del Paese i Carabinieri furono incorporati nella struttura della Guardia Nazionale Repubblicana, perdendo di fatto la propria autonomia.

Dopo aver terminato le munizioni e aver perso cinque commilitoni, i legionari si arresero ed i superstiti vennero uccisi a pugnalate, tranne due legionari che riuscirono a fuggire. In agosto furono fatti segno di attacchi partigiani i presidi di Arsia e di Pozzo Littorio, respinti con pesanti perdite e la guarnigione di Visinada per ben tre volte, il 6, il 12 ed il 26 agosto dovette respingere gli aggressori titini, con una forte reazione. Nello stesso mese anche le guarnigioni di Marzana, Roveria, Portole, Orsera dovettero fronteggiare dei blitz nemici, respinti anche grazie l'aiuto della Milizia Ausiliaria di autodifesa locale.

Nel mese di novembre fu localizzato e accerchiato, nella zona di Toppolo di Dragogna, da forze italo-tedesche il Battaglione partigiano "Alma Vivoda", che fu completamente annientato, dopo duri scontri, con la cattura di un centinaio di partigiani.

La scorta alle autocolonne, preposte al rifornimento dei presidi e dei civili, fu un'altra delle principali attività dei Reparti del Reggimento "Istria", con, anche in questo caso, un numero elevatissimo di imboscate e, in molti casi, distruzione di singoli mezzi o della colonna stessa, con numerose perdite in uomini e mezzi. I Reparti mobili del Reggimento parteciparono ad azioni di rastrellamento a vasto raggio e, in concorso con le truppe tedesche, anche a vere e proprie operazioni di guerra in tutta l'Istria.

Se questa era la situazione nell'Istria, non differente era la situazione nell'isola di Cherso e Lussino, isolate e con scarsi collegamenti con il Reggimento. Il 10 agosto gli inglesi dello S.B.S. (Special Boats Service) iniziarono una serie di attacchi ai presidi di Cherso e di Lussino, sbarcando decine di commandos a nord di Ossero che, dopo aver attaccato il posto di avvistamento catturando due legionari, fatto saltare il ponte che unisce Cherso a Lussino e la locale casermetta, dopo poche ore si reimbarcarono. Gli attacchi furono ripetuti il 27 settembre, con la partecipazione di circa 200 partigiani, che attaccarono nuovamente Ossero, ma furono fatti segno a una forte reazione da parte del presidio che respinse gli attaccanti, il 17 novembre ed il 3 dicembre. Quest'ultima operazione fu sostenuta dai cacciatorpediniere "Lauderdale" e "Eggsford" che, tenendo impegnate le difese dell'isola con un fuoco di sbarramento, consentirono lo sbarco dei commandos a Porto Colorat. L'azione mirava a distruggere la base tedesca dei battelli "Linse", la batteria di Monte Asino della Marina Nazionale Repubblicana e la centrale elettrica di Lussinpiccolo, ma l'azione non raggiunse i risultati previsti per la forte reazione dei difensori. Nella notte tra l'8 e il 9 marzo 1945 lo S.B.S. tentò un nuovo attacco alla casermetta di Villa Punto, dove si trovava un presidio di 16 militi con un ufficiale. L'attacco, durato dalle 2 alle 4,30, si concluse con la distruzione della casermetta.

Il comandante del Reggimento Sauro fu sostituito il 13 febbraio 1945 dal tenente colonnello Ruggero Melon, a causa dei difficili rapporti che si erano venuti a creare con le autorità germaniche: Sauro era uno strenuo difensore dell'italianità dell'Istria e questo atteggiamento era malvisto dai tedeschi. Libero Sauro si fece accompagnare nel suo trasferimento da Pola a Capodistria dalla "Mazza di Ferro"; prima di partire compì un ultimo atto di sfida all'ira antitaliana del Commissario tedesco Rainer, innalzando personalmente su un lungo pennone un'enorme bandiera tricolore, davanti al comando del Reggimento "Istria", pronunciando anche un fervente discorso intriso d'italianità[9].

---

[9] Il Comando Tedesco aveva infatti imposto al Comando del 2° Reggimento a Pola di ammainare il tricolore, adducendo, come spiegazione, che la presenza di simboli italiani urtava la suscettibilità degli iscritti al Partito Slavo Polesano.

Il Comando del 2° Reggimento "Istria" con i resti del I Battaglione, militarmente inquadrato, si sciolse a Capodistria al mattino del 30 aprile 1945. L'unità, mentre stava ripiegando ordinatamente su Trieste, fu raggiunta dall'ordine di scioglimento, in seguito al fallito accordo con il C.L.N. di Trieste e dell'Istria, accordo che doveva trovare un'intesa per difendere in maniera unitaria la città dall'arrivo del IX Korpus di Tito. Contro la volontà del comandante militare del C.L.N. colonnello Peranna, la maggioranza del Comitato di Liberazione Nazionale (che non includeva i partigiani di estrazione comunista) optò per una difesa che escludesse i militari della R.S.I., neppure sotto comando dei partigiani italiani. Aderirono all'accordo militi della Guardia Civica, alcuni marò del Battaglione "San Giusto" della Decima e singoli volontari di altri reparti repubblicani. Alcuni di questi uomini finirono vittime del fuoco dei cannoncini delle motozattere tedesche che si stavano ritirando nel golfo di Trieste. La città fu così di fatto consegnata all'occupatore titino, con la convinzione che venisse a liberarla dal giogo nazista. A parziale discolpa di costoro sta il fatto, unico nella storia della "liberazione", che non venne sparato un solo colpo contro i fratelli: mentre nel resto d'Italia impazzava la "caccia al fascista", a Trieste non fu versata una goccia di sangue.

Sulla fine del II Battaglione le notizie sono praticamente nulle, si sa che iniziò il ripiegamento verso Capodistria dopo aver riunito i Reparti a Dignano, ma, in una località non nota, la colonna venne fermata dai partigiani che riuscirono con uno strattagemma a riunire gli ufficiali e ad arrestarli, avendo così facile successo sui militi rimasti senza comando.

Parte del III Battaglione si arrese il 1° maggio a Pieris sull'Isonzo, mentre un gruppo restò in armi sino al 22 giugno, grazie anche alla collaborazione dei contadini italiani, concludendo la guerra dopo quasi 60 giorni dalla fine ufficiale del conflitto. Il 2° Reggimento "Istria" fu così l'ultimo reparto in armi della R.S.I. ad ammainare la propria bandiera.

Organigramma

- Comando (Pola, poi Villa Mosconi a Portorose)

    - Comandante: Tenente Colonnello Libero Sauro[10], sostituito, nel mese di novembre 1944, dal Colonnello Ruggero Melon su imposizione del Comando tedesco.

    - Aiutante Maggiore: Capitano Bruno Sambo, successivamente Maggiore Antonino Alfano

    - Rifornimenti: Capitano Carlo Bacchetta

    - Amministrazione: Maggiore Elio Eliogabalo

    - U.P.I.: Maggiore Moscati, successivamente Tenente Mastrogiovanni

- Nucleo Servizio Ausiliario Femminile, composto da 12 Ausiliarie[11]

---

[10] Il Comandante di Corvetta (poi Tenente Colonnello) Libero Sauro venne esonerato, dal comando del Reggimento, nel novembre 1944 a causa dei forti contrasti sorti con le autorità tedesche.
[11] Comandante del Nucleo S.A.F. era la triestina Clara Del Fabbro; presso la caserma deposito reggimentale di Medolino era presente l'ausiliaria Licia Bilucaglia, figlia del Federale di Pola. Entrambe avevano partecipato, nel 1942, al film di guerra "Alfa Tau".

- Scuola Allievi Ufficiali e Sottufficiali (Pola)

    - Comandante: Maggiore Ruggiero Melon, successivamente Maggiore Antonino Alfano

- Scuola Allievi Militi C.A.M. (Pieris e S. Stefano d'Istria), fu sciolta a metà 1944

    - Comandante: Maggiore Luigi Mosconi

- Verbindungsoffizier: Hauptmann Muller

- I Battaglione (Capodistria poi Buie) - Capitano Possa successivamente Maggiore Armando Martini

    - Compagnia "Trillo del Diavolo" (Capodistria con distaccamenti a Pirano, Isola, Corte d'Isola, Sicciole) - Comandante: Capitano Bonifacio

    - Compagnia "Garibaldina" (Buie con distaccamenti a Verteneglio, Castelvenere, Villa Gardossi, Umago, Grisignana) - Comandante: Capitano Antonio Possa

    - Compagnia "Unghia di Leone" (Montona con distaccamenti a Levade, Portole, Santo Stafeno, Caroiba, Visinada, Villa Treviso, Ponte Porton, Castellier di Visinada)

    Comandante: Capitano Facchini, successivamente Tenente Klausberger, Tenente Papo, Tenente Gera

- Compagnia "Adriatica" (Parenzo con distaccamenti a Orsera e Visignano)

- II Battaglione (Dignano) - Comandante: Maggiore Mignani successivamente Maggiore Antonino Alfano

    - Compagnia "Dalmata" (Dignano con distaccamenti a Roveria, Valle di Rovigno, Rovgno, San Vincenti, Fasana, Brioni, Pisino)

    - Compagnia "Istriana" (Pola con distaccamenti a Gallesano, Marzana, Giadreschi, Sichici, Sissano, Centrale Gas) - Comandante: Tenente Vardabasso, successivamente Capitano Bacchetta

    - Compagnia "Mazziniana" (Arsia con distaccamenti a Santa Domenica d'Albona, Sumberesi, Barbana d'Istria, Pozzo Littorio, Valmazzinghi, complesso minerario di Arsia) - Comandante: Capitano Ottavio Rosolin

- III Battaglione (Aurisina fino al 16 aprile 1945 poi Stazione di Pinguente), fu costituito nel gennaio del 1945 trasferendo uomini dagli altri due Battaglioni, contratti su ritornati a 3 Compagnie ciascuno – Comandante: Capitano Ottavio Rosolin, successivamente Capitano Antonio Possa poi Capitano Tedeschi

    - 7ª Compagnia (Monfalcone con distaccamenti a Sassetto e Acquaviva Valmorosa) Comandante: Tenente Domenico Italiano; Addetti: Brigadieri Fiumi e Scindelli

- 8ª Compagnia (Aurisina, poi Piedemonte del Tajano) – Comandante: Tenente Bruno Manzin
- 9ª Compagnia (Castel Lupogliano) - Comandante: Capitano Bruno Artusi

• Compagnia Autonoma "Tramontana" (Cherso con distaccamenti a Caisole, Ossero, Smergo, Dragosetti, Lussingrande, Punta Santa Croce) - Tenente Stefano De Petris[12].

• Compagnia Mobile "Mazza di Ferro" (Pola) - Capitano Bruno Artusi, successivamente Tenente Fausto Vardabasso, quindi Tenente Klausberger (tale compagnia era addetta alle scorte delle autocolonne e pronto impiego).

Il Reggimento costituì complessivamente 43 distaccamenti in tutta l'Istria ed altri 7 nelle province di Trieste e Gorizia, per la sorveglianza delle località ed il controllo del territorio. Nel mese di agosto del 1944, i tedeschi avrebbero voluto imporre un nuovo schieramento al Reggimento:

• Comando e I Battaglione a Pola, con distaccamenti a Marzana, Barbana ed Arsia

• II Battaglione a Dignano con distaccamenti a Gallesano, Valle, Sanvincenti e Canale di Leme

• III Battaglione a Visinada con distaccamenti a Montona, Caroiba, Pisino, Mompaderno e San Lorenzo

Questo schieramento non venne però attuato per la ferma opposizione del Tenente Colonnello Sauro.

Secondo un rapporto del comandante Sauro a Mussolini, a fine novembre 1944 il 2° Reggimento "Istria" aveva un organico di circa 1.000 uomini. Nel febbraio 1945 il Reggimento constava di 48 ufficiali e 834 tra sottufficiali e legionari. Ai militi in forza al Reggimento, occorre aggiungere le centinaia di civili che, durante la notte ed in caso di emergenze, venivano armati e, indossando una fascia tricolore al braccio, si sostituivano ai legionari nella guardia alle varie postazioni. Erano i cosiddetti "Ausiliari", uomini generalmente anziani che pagarono, a centinaia, con la vita la difesa dell'italianità dell'Istria.

Caduti

Complessivamente il Reggimento ebbe 450 caduti, di cui 210 dopo la fine della guerra. A questo numero caduti bisogna sommare tutti gli "ausiliari", caduti in combattimento a fianco dei legionari del Reggimento.

---

12 Il Tenente Stefano De Petris, chersino, animatore della resistenza nell'isola di Cherso, venne catturato dagli slavi, incarcerato a Fiume e condannato a morte, sentenza che venne eseguita l'11 ottobre 1945 nei pressi del cimitero di Sussak.

▲ Labaro della LX Legione "Istria" della M.V.S.N., utilizzato dopo l'Armistizio dall'omonimo 2° Reggimento della Milizia Difesa Territoriale (Crippa).

▼ Il tanto agognato momento della consegna della posta ad alcuni legionari della M.D.T. in Istria nel maggio 1944 (Arena).

▲ Cartelli bilingue come questo segnalavano le zone dichiarate "Bandengebeit", ovvero infestate dalle bande partigiane. In particolare, nella fotografia appare l'indicazione di una zona pericolosa lungo la rotabile Cividale del Friuli – Udine (Pisanò).

▲ Mortaisti di un reparto della M.D.T. mentre attaccano postazioni partigiane. La fotografia è stata scattata nella tarda primavera del 1944, poiché i legionari hanno ancora le M saettanti sulle fiamme nere al bavero, che saranno sostituite dal gladio solo durante l'estate (Crippa).

▼ Autunno 1944: serie di immagini di propaganda che ritraggono legionari del 2° Reggimento M.D.T. in azione (Pisanò).

▲ Un'altra immagine presa nella stessa postazione di mortai: il milite ritratto indossa un elmetto M33 con il vecchio fregio della M.V.S.N., un vezzo abbastanza diffuso tra i legionari provenienti dalla disciolta Milizia (Crippa).

▲ Immagine di propaganda che mostra un legionario della M.D.T. mentre ferma un presunto partigiano, impersonato da un suo commilitone malamente travestito (Pisanò).

▲ Un sottufficiale ed un ufficiale mentre simulano l'attacco: l'ufficiale ha una pistola di produzione americana, probabilmente recuperata da materiale aviolanciato dagli Alleati, destinato ai partigiani slavi (Pisanò).

▼ Prosegue la ricostruzione dell'attacco ad un casolare utilizzato dai partigiani come base d'appoggio (Pisanò).

▲ Un'altra immagine scattata nella stessa occasione delle precedenti, che ritrae dai miliziani dalla M.D.T. intenti a difendere una linea ferroviaria (Pisanò).

▼ Lo scatto permette di identificare chiaramente, sull'uniforme del legionario che lancia una bomba a mano, le mostrine, identiche a quelle della G.N.R., adottate anche dalla M.D.T. (Pisanò).

▲ Pur trattandosi di una foto ricostruzione a scopo propagandistico, la difesa delle vie ferrate, importantissime per garantire i trasporti soprattutto in Istria e per questo motivo spesso fatte segno di attentati da parte dei partigiani, fu uno dei compiti a cui spesso furono chiamati i Reggimenti della Milizia (Pisanò).

▼ Interessante notare sull'elmetto M33 del legionario in primo piano la presenza del fregio della Disciolta M.V.S.N. (Pisanò).

Compagnia "Mazza di Ferro"

Approfondiamo brevemente la storia della Compagnia "Mazza di Ferro", che rappresentò un unicum all'interno della M.D.T., in quanto unico reparto corazzato. La Compagnia aveva sede a Pola ed era comandata inizialmente dal capitano Bruno Artusi, già tenente dei Bersaglieri; era considerata il reparto mobile del Reggimento, data la grande disponibilità di mezzi di trasporto e di veicoli blindati. Infatti, la Compagnia poté disporre di numerosi autoveicoli, di 2 carri armati leggeri L3 e di alcune autoprotette, realizzate su telai di autocarri. Il capitano Artusi fu sostituito in un secondo momento dal tenente Fausto Vardabasso, che, a sua, volta, passò il comando della Compagnia al tenente Egidio Klausberg. Compiti della "Mazza di Ferro" erano la scorta alle autocolonne, il pronto intervento ed il collegamento tra i presidi repubblicani dell'Istria.

I carri leggeri del reparto erano due mezzi corazzati abbandonati dal Regio Esercito al momento dell'Armistizio. Uno dei due fu acquistato da un contadino istriano, che aveva radunato un certo numero di mezzi militari abbandonati in una specie di deposito, pagandolo 35.000 lire dell'epoca; il carro era sprovvisto delle mitragliatrici, che furono però ben presto recuperate. La "Mazza di Ferro" entrò invece in possesso del secondo carro, dopo che era stato abbandonato prima dai militari italiani e poi dai partigiani titini, barattandolo con... un autocarro carico di scarpe e di vestiario! Si trattava soprattutto di materiale britannico, catturato dai legionari durante un aviolancio destinato ai partigiani. Uno dei carri, immobilizzato per noie meccaniche, fu usato come interrato in posizione strategica all'entrata della cittadina di Buie e fu distrutto dagli stessi legionari del reparto il 29 aprile 1945 con colpi di bombe a mano durante il ripiegamento verso Capodistria. L'altro L3, che fu utilizzato con continuità in azione per poi essere anch'esso utilizzato come postazione fissa a Capodistria, fu gettato in mare nel porto della città dall'ufficiale addetto ai rifornimenti Rutter, nel timore che potesse cadere in mano ai partigiani di Tito.

L'efficiente autofficina reggimentale provvide inoltre a trasformare alcuni autocarri in autoprotette, blindandoli con piastre di metallo, scudetti laterali muniti di feritoie e reti protettive contro il lancio di bombe a mano. Questi autocarri protetti, in carico alla Compagnia "Mazza di Ferro", furono inoltre armati con complessi di mitragliatrici binate da 13,2 mm da sommergibile, recuperati presso il grande Arsenale della Marina di Pola, o con mitragliere da 20/65. Queste autoprotette avevano provenienze disparate, in parte come abbiamo visto si trattava di mezzi ottenuti per modifica campale, in altri di veicoli del Regio Esercito, recuperati fortunosamente e rimessi in efficienza. È possibile notare in una fotografia, per esempio, come due autocarri FIAT 665NM Scudato della Compagnia fossero dotati di una torretta realizzata con un semplice cilindro di lamiera, posto a difesa dell'armamento del cassone. Risulta difficile stabilire con precisione quante autoprotette furono realizzate per la "Mazza di Ferro", anche se alcune fonti fissano in 6 il numero di mezzi di questo tipo impiegati dalla Compagnia. Dalle fonti fotografiche e documentali si è potuto stabile con sicurezza che presso il reparto furono utilizzati un FIAT 626 con le scudature di serie del "fratello maggiore" FIAT 665 NM, evidentemente riadattate per farle calzare su questo autocarro, un Lancia 3 RO blindato ed almeno due FIAT 665 NM Scudato.

Le colonne ed i presidi del Reggimento furono investiti da continui e ripetuti attacchi, di una violenza sempre crescente, che in alcuni casi, venuta meno la possibilità di difendersi, portarono al completo annientamento dei contingenti del reparto. Le unità mobili, appoggiate dai blindati, parteciparono ad operazioni di rastrellamento, anche in concerto con gli altri reparti presenti nella regione. In questa situazione perigliosa i veicoli corazzati della "Mazza di Ferro" permisero di rifornire i presidi sparsi sia lungo la costa che nell'interno dell'Istria, scortando l'autocolonna che settimanalmente espletava questa incombenza vitale. La colonna era in genere composta da una o due autoprotette, da autocarri e da un paio di motociclisti, che precedevano gli autoveicoli per individuare mine ed ordigni esplosivi, che potevano essere stati posti sulle strade dai partigiani. Talvolta si univano alla colonna del Reggimento anche mezzi di altre unità e veicoli civili, che approfittavano della scorta dei blindati per viaggiare con maggiore sicurezza.

Alcune autoprotette furono distaccate presso i presidi del Reggimento, per supportare l'attività dei legionari nelle zone che risultavano più pericolose, per esempio a Buie e ad Arsia. Le autoprotette furono fatte spesso segno di attacchi partigiani, con conseguenze a volte letali. La primavera del 1944, in particolare, fu costellata da ripetute imboscate ai blindati della "Mazza di Ferro". Ricordiamo ad esempio che il 9 maggio l'autoprotetta di Arsia subì un primo attacco partigiano, sulla strada da Pola ad Albona, che fortunatamente non ebbe conseguenze. Il 27 dello stesso mese la stessa autoprotetta finì in una scarpata in seguito allo scoppio di una mina ed al nutrito fuoco di armi automatiche, causando la morte di un legionario ed il ferimento di altri 8.

Il 13 giugno 1944 il presidio di Arsia organizzò un'autocolonna per andare in soccorso del caposaldo di Santa Domenica d'Albona, accerchiato da preponderanti forze partigiane; l'autocolonna era guidata da un'autoprotetta dello stesso presidio d'Albone. Il giorno seguente un'altra protetta, guidata dal legionario Emilio Bosiaco di Portale, fu vittima dell'esplosione di una mina, mentre dal comando di Pola si recava ad Arsia, per avere notizie proprio dei combattimenti in corso a Santa Domenica. L'auto protetta, dopo lo scoppio dell'ordigno, fu investita da un forte fuoco nemico e nove dei dieci legionari che costituivano l'equipaggio del mezzo furono seviziati ed uccisi; solo uno riuscì a fuggire e raggiungere Marzana, benché gravemente ferito. Le salme dei militi furono portate a Pola per i solenni funerali militari, decretati dal Comando del Reggimento.

Si ha notizia dell'autoprotetta di Dignano il 28 luglio, quando il suo equipaggio accorse in soccorso di soldati tedeschi impegnati contro i partigiani slavi. Le autoprotette subirono numerosi attacchi anche tra i mesi di settembre e novembre dello stesso anno. Ricordiamo che il 21 ottobre i blindati della "Mazza di Ferro" portarono aiuto ad un'autocolonna italo – tedesca, mettendo in fuga gli attaccanti. Il giorno 27 una protetta del II Battaglione di Dignano fu inutilmente presa di mira dai partigiani, mentre scortava una colonna tedesca nei pressi del bivio di San Pietro in Selva – Pisino.

È interessante notare che lo stesso comandante della Polizei tedesca nell'O.Z.A.K. richiedeva molto spesso la scorta degli autoveicoli della "Mazza di Ferro" per gli spostamenti che effettuava in automobile in Istria.

La sera del 29 aprile 1945, dopo aver lasciato Pola, la "Mazza di Ferro" raggiunse Capodistria, dove si stavano radunando tutti i presidi del I Battaglione ed il Comando del Reggimento "Istria". Qui il comandante della Compagnia Mobile, il tenente Egidio Klausberg, fu informato che due dei suoi militi, feriti il giorno prima, erano stati lasciati presso il piccolo ospedale di Visinada. In piena notte il tenente, con un pugno di uomini a bordo di una piccola autoprotetta, raggiunse Buie dove, quasi ignorato dai partigiani che già occupavano la cittadina, recuperò i due feriti, portandoli in salvo a Capodistria. Il giorno successivo le unità del Reggimento, che speravano di raggiungere Trieste per difenderla dall'impeto titino, furono raggiunte dall'ordine di scioglimento, che faceva seguito al fallito accordo tra le forze repubblicane ed il C.L.N. triestino, evento funesto che di fatto consegnò il capoluogo friulano agli slavi. Un gruppo di legionari, tra cui il tenente Klausberg, decise comunque di proseguire fino a Trieste, dove la piccola colonna si sciolse, visto l'evolversi della situazione. Un'autoprotetta su telaio di un autocarro lancia 3RO, che faceva parte della colonna, fu volontariamente distrutta dall'autista, il quale, dopo aver fatto scendere gli occupanti del mezzo, lanciò il blindato lungo una discesa contro una casa, saltando fuori all'ultimo momento. Triste fu la fine del comandante della "Mazza di Ferro" Klausberg: fu catturato ed ucciso alla periferia di Capodistria il 2 maggio, mentre faceva ritorno da Trieste a casa sua a Pirano.

▲ Legionario di un Reggimento della M.D.T. osserva i movimenti delle pattuglie dei partigiani slavi (Pisanò).

▲ Gruppo di giovani allievi ed ufficiali istruttori della Scuola di Pieris d'Isonzo (GO): si tratta del plotone comandato dal Vice Brigadiere Zago del 1° Reggimento M.D.T. (Roberti).

▼ Un gruppo di legionari della Milizia Difesa Territoriale durante una manifestazione nell'inverno 1944 – 1945 (Arena).

▲ Scuola Militare di Pieris, agosto 1944: i militi del corpo di guardia (Roberti)

▼ Allievi e sottufficiali del 2° Reggimento M.D.T. presso il Centro Addestramento Militi di nel settembre 1944 (Pisanò).

▲ Sede della 3ª Compagnia del 2° Reggimento M.D.T. a Montona (Papo).

▼ Centro di fuoco Numero 4 della 3ª Compagnia del 2° Reggimento nei pressi della cittadina di Montona (Papo).

▲ Immagine evocativa in cui un legionario del 2° Reggimento M.D.T. monta la guardia con, alle sue spalle, la bandiera del Reich ed il tricolore della R.S.I. (De Ferra).

▼ Bunker posto a difesa di una linea ferroviaria presidiato da un drappello di uomini del 2° Reggimento "Istria" (De Ferra).

3° Reggimento M.D.T. (61ª Legione) "Carnaro"

A fine dicembre '43, la 61ª Legione CC.NN. "Carnaro" disponeva del solo Battaglione Territoriale, per un totale di 30 ufficiali, 61 sottufficiali e 414 legionari, di cui 216 giovani volontari. Con l'afflusso di fascisti, militari sbandati, marinai, finanzieri e carabinieri, nel marzo del 1944 la Legione veniva trasformata nel 3° Reggimento M.D.T. "Carnaro", su due Battaglioni.

La zona di pertinenza del Reggimento, pur non essendo molto estesa territorialmente, era molto difficile per gli interessi contrapposti che convergevano sulla città di Fiume. L'attività fu rivolta principalmente al controllo del territorio e alla protezione delle località abitate dagli italiani ed a contenere i pericoli derivanti dalla forte presenza nell'area di Ustascia croati e Cetnici serbi, animati da chiari sentimenti antitaliani. L'aspetto informativo assunse quindi la prevalenza sull'attività di controllo del territorio e protezione delle località abitate da italiani. Il 3° Reggimento non dovette subire massicci attacchi, ma continui attentati e agguati da parte di G.A.P./V.O.S. che logorarono i legionari impegnati nel duro servizio di pattugliamento e scorta. Capisaldi erano dislocati Zaluche, Lippa, Mattuglie, Apriana, Laurana, Scalnizza, Ruppa, Velelasi. Nella zona di Fiume, operarono anche due Compagnie Autonome M.D.T. Confinaria, con presidi fra Giordani, Pusi, Sappiane, con frequenti pattuglie per recupero materiali militari e controllo territoriale.

L'attività dell'U.P.I. si indirizzò in modo particolare nello sgominare le organizzazioni clandestine slave e del Partito Comunista Italiano, di chiara tendenza filo-slavo. Furono numerose le azioni condotte dai militi che portarono alla cattura di decine di elementi sovversivi che avevano insanguinato con attentati, rapine, assassini, prelevamenti forzati di uomini, le zone di Clana, Lippa, Scalnizza, Ruppa, Mune, Laurana. Il risultato più importante conseguito dall'U.P.I. del 3° Reggimento "Carnaro", fu lo smantellamento dell'organizzazione comunista slava di Fiume avvenuta nell'estate 1944, con la cattura di decine di persone.

Nel maggio 1944, Reparti del Reggimento "Carnaro" parteciparono alle operazioni di sicurezza delle squadre di recupero degli infoibati nella zona di Monte Maggiore.

Molti scontri si ebbero nella zona di Sussak, a forte presenza croata, con decine di attentati dinamitardi e danni alle infrastrutture e ai mezzi. Intensa attività di antiguerriglia venne svolta dai Reparti schierati fra Giordani, Pusi, Rupa di Elsane, Sappiane, con pattugliamenti, controlli territoriali, recupero materiale militare.

Il 3° Reggimento "Carnaro" cessò di esistere tra il 28 e il 29 aprile a Trieste. Due Compagnie seguirono le truppe tedesche in ritirata e si arresero ad Abbazia, un centinaio di militi riuscì a raggiungere Trieste.

Organigramma 3° Reggimento M.D.T. "Carnaro"

- Comando (Fiume)
    - Comandante: Tenente Colonnello Giuseppe Porcu[13], sostituito dal Tenente Colonnello

---

[13] Il Tenente Colonnello Porcu venne esonerato, dal comando del Reggimento, nel febbraio 1945 a causa dei forti contrasti con le autorità tedesche; tornato a Trieste, venne arrestato in città il 5 maggio dagli agenti dell'OZNA. Il 20 venne prelevato dal carcere del Coroneo e condotto in una località sconosciuta, molto probabilmente in Jugoslavia. Si ignora dove e quando sia stato ucciso.

Pietro Montesi Righetti.

- Aiutante Maggiore: Maggiore Luigi Capellini successivamente Capitano Nordico, Capitano Angelo Meda, Capitano Spaizzi.

- Ufficiale di Amministrazione: Maggiore Carletti

- Ufficiale alla Matricola

- Ufficiale all'Assistenza

- Ufficiale Cappellano: Tenente Alessandro Don Mandrini

- Ufficiale Relatore

- Dirigente del Servizio Sanitario

- Verbindungsoffizier: Hauptmann Goll

- U.P.I.

- Compagnia Comando Reggimentale - Comandante: Capitano Franco De Franchi

- I Battaglione (Fiume) - Comandante: Maggiore Arnaldo Viola successivamente Capitano Carlo Carletti, Capitano Angelo Meda, Capitano Pietro Barbali

    - 1ª Compagnia – Comandante: Capitano Nordico, poi Capitano Meda, infine Tenente Barbali

    - 2ª Compagnia- Comandante: Tenente Battistini

    - 3ª Compagnia- Comandante: Capitano La Gattola

- II Battaglione (Abbazia) - Comandante: Maggiore Armando Viola

    - 4ª Compagnia- Comandante: Capitano Bulian, poi Capitano De Franchi

    - 5ª Compagnia- Comandante: Capitano Bonanno

    - 6ª Compagnia- Comandante: Capitano Antonini

L'organico del 3° Reggimento "Carnaro" assommava a circa 1.500 unità in totale, numero raggiunto grazie all'afflusso di militari sbandati ex Regio Esercito, marinai, fascisti, guardie di Finanza, G.a.F. e Carabinieri.

Caduti

Alla fine del 1944, risultavano caduti 47 legionari e altri 21 dispersi, 38 i feriti. Alla fine dell'aprile 1945, i Caduti assommavano a 258 uomini; non è noto il numero dei dispersi e degli scomparsi dopo la fine delle ostilità.

▲ Ritratto di un sottotenente del 2° Reggimento "Istria", che permette di identificare chiaramente il fregio del berretto, utilizzato dai reparti della M.D.T., con il numero del Reggimento nel tondino (Arena).

▲ Due giovani ufficiali del 2° Reggimento M.D.T. accanto ad un mortaio da 81 mm in un presidio dell'Istria (De Ferra).

▼ Gruppo di legionari della Compagnia "Unghia di Leone" del II Battaglione del Reggimento "Istria" a Montona (Arena).

▲ Il giovane Sottotenente Nino Arena, che diventerà famoso nel dopoguerra per la sua vasta pubblicistica inerente i reparti della Repubblica Sociale Italiana, fotografato in licenza a Venezia, mentre prestava servizio come ufficiale di fresca nomina presso il 2° Reggimento milizia Difesa Territoriale (Arena).

▲ A sinistra della foto, il Tenente De Petris, comandante della Compagnia "Tramontana" con alcuni militi del presidio dell'isola di Cherso (Arena).

▲ Il Maggiore Antonino Alfano, Aiutante Maggiore del Reggimento "Istria", visita i presidi dell'isola di Cherso, accompagnato dal Tenente Stefano De Petris e da un legionario. Il mulo era un comodo mezzo di trasporto sulle infide strade dell'isola. (Arena).

▼ Una fotografia, purtroppo di cattiva qualità, che ritrae un gruppo di soldati della Compagnia "Tramontana" di Cherso a pranzo con alcuni civili (Arena).

▲ Anche le attività più ordinarie, come cucinare, furono svolte dai cuochi della Compagnia "Tramontana" con la massima dedizione (Arena).

▲ Il Sottotenente Mariano Apollonio del Reggimento "Istria", che fu ucciso da una raffica di mitra il 13 aprile 1944 dopo avere difeso strenuamente con i suoi sottoposti il presidio di Santa Domenica d'Albona (Arena).

▲ Il milite Roberti, il Sottotenente Samsa ed il milite Ferretti del 2° Reggimento "Istria" presso la stazione di Monrupino nell'inverno 1944 (Roberti).

▲ Gruppo di militi del I Battaglione del 2° Reggimento M.D.T. in Valle Fricola nel gennaio 1945 (Papo).

▼ Gruppo di ufficiali del 1° Battaglione del 2° Reggimento M.D.T. presso il duomo di Buie il 19 marzo 1945. Tra i due ufficiali anziani, al centro, si nota il capitano della Polizia tedesco che fungeva da ufficiale di collegamento (De Ferra).

▲ Il 1° maggio 1945 a San Giovanni al Timavo (TS) sventola ancora la bandiera del III Plotone della 7ª Compagnia del 3° Battaglione del 2° Reggimento Milizia Difesa Territoriale, ultimo reparto della R.S.I. ad arrendersi (Arena).

▲ Elaborazione grafica dello stemma della 2ª Compagnia Arditi del 3° Reggimento "Carnaro" della M.D.T. (Quattrocchi).

▼ Militi del 3° Reggimento della Milizia Difesa Territoriale durante un momento di svago. La torretta alle spalle era utilizzata per l'avvistamento antiaereo (Pisanò).

▲ Autorità civili e militari presenti ad una manifestazione a Gorizia nel corso del 1944. Da sinistra in borghese il Prefetto Marino, accanto a lui con il cappello alpino il Federale del Partito Fascista Repubblicano Frattarelli (fiero oppositore dell'ingerenza tedesca in Venezia Giulia, il Tenente Colonnello Rocco, comandante del 4° Reggimento M.D.T., il Tenente Colonnello La Mendola, che succederà a Rocco nel comando del Reggimento, il Colonnello Greco ed il Colonnello Ruggero del Comando Militare Regionale (Arena).

▼ Un festante gruppo di legionari del 4° Reggimento M.D.T. a bordo di un autocarro nel goriziano. Alcuni di essi continuano ad indossare il fez nero proprio della disciolta M.V.S.N. (Arena).

4° Reggimento M.D.T. (62ª Legione) "Gorizia"

Il 4° Reggimento "Gorizia" derivava dalla 62ª Legione CC.NN. che, nell'ottobre del 1943, disponeva di circa 400 militi, di cui 24 ufficiali, 48 sottufficiali, 230 legionari e 98 volontari, al comando del Console Urbano Rocco. Fra novembre di quell'anno ed il mese di marzo dell'anno successivo, altri 800 volontari si aggiunsero ai militi già in servizio, permettendo così la creazione di due Battaglioni. Questi volontari provenivano in gran parte dallo scioglimento della 4ª Legione G.N.R. di Frontiera ed andarono a costituire un Battaglione Autonomo Confinario M.D.T. per impiego mobile, una Compagnia Autonoma a Tolmezzo e le due Compagnie Autonome Confinarie di Fiume, parte delle quali poi trasferite nel Goriziano e inserite nel 4° Reggimento. Quando nell'estate del 1944, i tedeschi ordinarono lo scioglimento dei Carabinieri, un consistente gruppo di 400 militari dell'Arma transitò nel 4° M.D.T. "Gorizia", venendo inserito nel II Battaglione. Dalle basi dei Battaglioni dislocate a Gorizia e Cormons, vennero costituiti presidi nelle principali località della provincia: Savogna d'Isonzo, Lucinico, Piedimonte del Calvario, San Lorenzo Isontino, Aidussina, Aisovizza, Fontefredda, Rupa, San Pietro di Gorizia, Mossa, Sant'Andrea, Monte Santo, Farra d'Isonzo, Medea, Gradisca, Sagrado, Moncorona, Salcano, Plava, Piuma, ponte di Piuma, Ronchi dei Legionari. I Carabinieri vennero suddivisi tra Gorizia e Gradisca. L'attività dei Reparti del 4° Reggimento M.D.T. "Gorizia" si svolse predisponendo servizi di sorveglianza e protezione di impianti strategici come ferrovie, ponti, viadotti, centrali elettriche e idriche, gallerie ed impianti industriali. L'esiguità degli organici, unita alla vastità del territorio di competenza, costrinsero il Comando Superiore della M.D.T. ad inviare Reggimenti della M.D.T. e dall'E.N.R. in appoggio all'azione del 4° "Gorizia". I reparti furono così impegnati nel controllo territoriale, svolto in collaborazione con questi altri reparti della R.S.I., nella provincia e nelle vallate del Baccia, Vipacco e Alto Isonzo. Un Plotone Contraereo del Reggimento, armato con 3 mitragliere quadrinate da 20 mm tedesche, in posizione al vecchio campo sportivo, difendeva i ponti stradali e ferroviari sull'Isonzo a Gorizia. Molto importante l'attività dell'U.P.I., indirizzata allo smantellamento delle formazioni clandestine comuniste slave e italiane, oltre che al controllo delle attività antitaliane delle varie formazioni collaborazioniste di Domobrani, Cetnici e Belagardisti, di chiari sentimenti anticomunisti, ma anche antitaliani e profondamente nazionalisti. L'U.P.I. riuscì a identificare informatori e fiancheggiatori del Partito Comunista Jugoslavo a Verpogliano e Vipacco, smantellando un'organizzazione dedita alla raccolta di viveri per le Karaule locali. Altri importanti successi vennero raggiunti a Merna, nel mese di marzo 1944, a maggio, nella zona del Basso Carso tra Ranziano, Biglia, Prevacina, Merna, Vertoiba, San Pietro di Gorizia, con la scoperta del comando della locale Karaula responsabile di decine di attentati, sabotaggi, uccisioni, a luglio nella zona di Valvociana e ad agosto nella zona del Collio. Proprio in considerazione degli importanti successi raccolti ai danni dei partigiani titini e dei comunisti italiani, nella primavera del 1945, a capo dell'U.P.I. fu destinato il Tenente Colonnello Paolo Nitti e successivamente il Maggiore Giovanni Gonano. Gli attacchi dei partigiani, ai presidi e distaccamenti sparsi sul territorio, avevano già avuto inizio negli ultimi mesi del 1943: il 17 novembre a Plava, ai primi di dicembre a Piedimonte del Calvario, il 18 alla stazione della Ferrovia di Gorizia, nei giorni successivi fu distrutta una centrale elettrica e fatto deragliare un treno tra San Pietro del Carso e Divaccia, il 29 dicembre furono attaccate la caserma di S. Lorenzo a Mossa ed il giorno successivo quella di Aisovizza. Ma è nel 1944 che, gli attacchi si intensificarono notevolmente, con attacchi continui ai presidi del Reggimento, ai centri abitati ove risiedevano italiani (ricordiamo ad esempio l'attentato al teatro "Verdi" a Gorizia il 5 agosto 1944) ed alle line ferroviarie (il peggiore dei quali il 9 settembre alla ferrovia Rubbia/San Michele - Gradisca/San Martino). Intensa e multiforme fu quindi l'attività del 4° Reggimento M.D.T. "Gorizia", sia sul piano prettamente difensivo, sia su quello informativo, essenziale nella complessa e difficile situazione del goriziano. Il fatto più tragico, che coinvolse il 4° Reggimento M.D.T. "Gorizia", avvenne il 16 aprile 1945 presso il posto di blocco a San Pietro di Gorizia, quando il locale presidio, che doveva ricevere il cambio da un reparto di Cetnici, mentre era schierato per l'ammaina bandiera, ad un segnale di un sottufficiale tedesco, venne sterminato dai serbi. Il Reggimento cessò di esistere tra il 29 e il 30 aprile a Gorizia.

Organigramma 4° Reggimento M.D.T. "Gorizia"

- Comando (Gorizia)
    - Comandante: Console Urbano Rocco, successivamente Tenente Colonnello Vincenzo La Mendola, quindi Colonnello Antonio Zambelli
    - Aiutante Maggiore: Capitano Moro

- U.P.I. - Comandante: Colonnello Rocco successivamente Tenente Colonnello Nitti quindi Maggiore Gonano

- Verbindungsoffizier: Hauptmann Paul

- I Battaglione (Gorizia) - Comandante: Maggiore Mario De Ferri successivamente Capitano Orlando De Lena, quindi Maggiore Efisio Defenu, infine Maggiore Giuseppe Caloro

    - 1ª Compagnia: Capitano Dilena
    - 2ª Compagnia

- II Battaglione (Cormons) - Comandante: Capitano Giuseppe Vecchiati successivamente Maggiore Giuseppe Caloro, quindi Maggiore Angelo Meda.

    - 3ª Compagnia: Tenente Toricelli
    - 4ª Compagnia Mitraglieri

A questi reparti occorre aggiungere il Battaglione di Confinari e le Compagnie Autonome Confinarie. L'organico massimo raggiunto dal Reggimento "Gorizia" era di circa un migliaio di uomini, nel febbraio 1945 il 4° Reggimento aveva un organico di 28 ufficiali e 665 tra sottufficiali e militi.

Caduti

Alla fine di ottobre 1944 risultavano 104 caduti accertati, 118 feriti, 199 dispersi da considerarsi caduti. Secondo le diverse fonti consultate, i Caduti complessivi del Reggimento "Gorizia" variano dai 119 ai 170.

▲ Plotone di militi del 4° Reggimento "Gorizia" addetti alla difesa dei ponti sull'Isonzo (Francesconi).

▼ Giovani legionari del 4° Reggimento M.D.T. durante una cerimonia davanti al castello di Gorizia (Arena).

▲ Milite del 4° Reggimento "Gorizia" monta la guardia all'ingresso della sede della 3ª Compagnia "Santa Gorizia" nel settembre 1944 (Pisanò).

▼ Alessandro Pavolini, Segretario del Partito Fascista Repubblicano, visitò il Litorale Adriatico nel gennaio 1945, in un momento particolarmente difficile per la popolazione giuliana. In questa immagine, Pavolini riceve gli onori da un picchetto di miliziani del Reggimento "Gorizia", mentre fa il suo ingresso al Comando Provinciale della Milizia Difesa Territoriale di Gorizia (Arena).

▲ I resti del monumento ai Caduti della Grande Guerra di Gorizia, progettato da Enrico Del Debbio tra il 1925 e il 1929. Fu fatto segno di un attentato dinamitardo nella notte del 12 agosto 1944 in segno di spregio da slavi bianchi, con il beneplacito dei tedeschi (Arena).

▼ Pavolini a Gorizia, raccolto in meditazione presso le rovine del monumento, al quale montano la guardia alcuni militi del 4° Reggimento Milizia. La visita di Pavolini fu fortemente osteggiata dalle autorità tedesche. (Arena).

5° Reggimento M.D.T. (63ª Legione) "Friuli"

Il 5° Reggimento "Friuli" traeva origine dalla 63ª Legione CC.NN. "Val Tagliamento" il cui comandante, Primo Seniore Attilio De Lorenzi, alla data dell'8 settembre, occupò e difese, con i suoi legionari, magazzini e depositi militari sino all'arrivo delle truppe tedesche, e dalla 55ª Legione CC.NN. "Alpina Friulana". Alla fine del 1943 il reparto aveva raggiunto un organico di circa 750 uomini, tra giovani volontari ed anziani legionari già in servizio, con 40 ufficiali e 155 sottufficiali. Ai primi di aprile del 1944, la 63ª Legione CC.NN. fu trasformata nel 5° Reggimento M.D.T. "Friuli". Con il continuo afflusso di volontari si poterono costituire ben 5 Battaglioni più un Battaglione Complementi, risultando così il Reggimento della M.D.T. più numeroso. Oltre a svolgere i compiti di presidio e istituto nella zona di competenza, il 5° Reggimento M.D.T. "Friuli" fu impegnato in operazioni di rastrellamento in Carnia, nella difesa di presidi nella Val Vipacco, sul Carso triestino e nel settore di Postumia, attività questa svolta contro i titini del IX Korpus slavo. La zona operativa affidata al 5° Reggimento "Friuli" era infatti infestata da numerose formazioni partigiane agguerrite e ben armate, sia italiane come le "Garibaldi" comuniste e le "Osoppo" monarchiche, sia slave, appartenenti al IX Korpus.

▲ Dopo l'esplosione il monumento fu mantenuto in rovina a perenne memoria di quanto accaduto. Per un periodo sul cumulo di macerie capeggiò un coraggioso cartello: "Non si distrugge l'italianità di Gorizia colpendo i monumenti ai Caduti per la Libertà d'Italia!" (Arena).

Gli scontri con i partigiani seguirono un continuo crescendo mese dopo mese, con decine di attacchi ai presidi e ai distaccamenti sparsi sul territorio. Il 25 aprile 1944 fu attaccato il presidio di Tolmezzo, mentre di il maggio quello di Paluzza e tra il 26 ed il 28 ci fu una serie di scontri a Tabor, Sassetto, Rifembergo. A giugno furono presi di mira i presidi di Vergnacco, Poianis, Sassetto, Saga, Ponte San Quirino, mentre a luglio si registrarono scontri Verzegnis, Gemona, Cividale, alla polveriera di Santa Margherita, a Rifembergo, al posto di blocco sulla strada Tolmezzo-Paluzza, a San Pietro al Natisone ed al Trivio di Colidin e, per tutta l'estate, il Reggimento fu impegnato in continui scontri in tutta la zona d'operazioni. Dal 2 al 10 ottobre, due Compagnie del Reggimento attaccarono le postazioni partigiane nella zona del ponte di Braulins, di Trasaghis, Avasinis e Alesso, mentre dall'8 al 23 fu compiuta una vasta operazione contro la Zona Libera del Friuli. Anche l'inverno fu caratterizzato da continui combattimenti contri i partigiani ed in tutti questi decine attacchi, subiti o portati, i reparti del 5° Reggimento "Friuli" subirono decine di Caduti, dispersi e feriti.

L'attività dell'U.P.I. del 5° Reggimento M.D.T. "Friuli" permise di identificare numerosi elementi comunisti, che tenevano i collegamenti con le bande partigiane, scoprendo una corrente autonomista filo-slava e procedendo all'arresto dei componenti, smascherando anche alcuni funzionari italiani della Questura, che erano in collegamento con i partigiani.

Organigramma 5° Reggimento M.D.T. "Friuli"

- Comando (Udine)
- Comandante: Colonnello Attilio De Lorenzi
- Aiutante Maggiore in 1ª: Maggiore Attilio Barbacetto
- Aiutante Maggiore in 2ª: Capitano Bruno Castelletti
- Ufficiale di Amministrazione
- Ufficiale alla Mobilitazione e Matricola
- Ufficiale ai Materiali a Trasporti
- Dirigente Servizio Sanitario
- Ufficiale Cappellano: Tenente Aristide Don Baldassi
- Ufficiale "I": Maggiore Evaristo Caroi
- U.P.I.
- Verbindungsoffizier: Hauptmann Hasenfuss, successivamente Hauptmann Schultze
- Compagnia Deposito - Comandante: Capitano Arturo Vittorino
- Nucleo M.D.T. Stradale - Comandante: Aiutante Luigi Izzo

Comandante per le sole scorte: Brigadiere Renato Quadraroli

- I Battaglione - Comandante: Maggiore Italo Tomassetti successivamente Capitano Italo Apollonio
  - 1ª Compagnia - Comandante: Capitano Matteotti, Capitano Venier
  - 2ª Compagnia- Comandante: Capitano Vetturini, Capitano Ruggero
  - 3ª Compagnia: Capitano Collovini, Capitano Facchin

Aveva sede a Manzano e Muzzana ed aveva presidi a Comeno, Rifembergo–Castello, Saletto, Rifembergo-Stazione, Trieste, Scoppo, Duttogliano, Crepegliano, Monrupino, Muzzana del Turgnano, San Giorgio di Nogaro, Pordenone.

- II Battaglione - Comandante: Maggiore Francesco Del Giudice
  - 4ª Compagnia - Comandante: Capitano Gonano
  - 5ª Compagnia
  - 6ª Compagnia

Aveva sede a Tarvisio e Gemona ed era schierato con presidi a protezione della linea ferroviaria Udine – Tarvisio e degli impianti militari nella zona stessa e nel Goriziano.

- III Battaglione - Comandante: Capitano Giannino Giannini successivamente Maggiore Gaspare Aita
  - 7ª Compagnia
  - 8ª Compagnia
  - 9ª Compagnia

Con sede a San Leonardo e Plezzo, aveva presidi nelle Valli del Natisone e Isonzo, da Cividale a Plezzo, e nella Valcellina da Montereale a Erto e Casso. La 9ª Compagnia svolgeva compiti d'istituto anche presso le carceri di Udine.

- IV Battaglione (Battaglione Fascisti Friulani) - Comandante: Capitano Gino Covre successivamente Capitano Walter Bruno Pozzi[14]
  - 1ª poi 10a Compagnia - Comandante: Capitano Cesare Bastianutti
  - 2ª poi 11ª Compagnia - Comandante: Capitano Francesco Venier
  - 3ª poi 12ª Compagnia

Situato ad Artegna e Pontebba era impiegato come Reparto Mobile, partendo da Udine.

- V Battaglione Servizi Speciali (formato da Carabinieri dopo lo scioglimento dell'Arma im-

---

[14] Secondo altre fonti il secondo Comandante del IV Battaglione sarebbe stato il Maggiore Ernesto Morassutti.

posto dai Tedeschi) - Comandante: Tenente Colonnello Agostino Vittucci successivamente Tenente Colonnello Pietro Ramolfo
- 1ª poi 13ª Compagnia
- 2ª poi 14ª Compagnia
- 3ª poi 15ª Compagnia

Era schierato a Udine e provincia.

• Battaglione Complementi (Udine) - Comandante: Tenente Colonnello Ugo Macuglia
- 1ª poi 16ª Compagnia
- 2ª poi 17ª Compagnia
- 3ª poi 18ª Compagnia
- 4ª poi 19ª Compagnia Speciale (composta da ex partigiani arruolati)

Svolgeva attività di addestramento e protezione impianti di pubblico interesse.

A Tolmezzo era distaccata una Compagnia Autonoma M.D.T. di Frontiera al comando del Capitano Hosmer Zimbelli, mentre una Compagnia Confinaria era distaccata a Tarvisio al comando del Capitano Vittorio Falcone.

Il 31 ottobre 1944 la forza del 5° Reggimento "Friuli" risultava essere la seguente:
• Comando Reggimentale: 12 ufficiali, 36 sottufficiali e 33 militi, per un totale di 81 uomini
• I Battaglione: 14 ufficiali, 31 sottufficiali e 208 militi, per un totale di 251 uomini
• II Battaglione: 9 ufficiali, 43 sottufficiali e 240 militi, per un totale di 292 uomini
• III Battaglione: 10 ufficiali, 9 sottufficiali e 188 militi, per un totale di 207 uomini
• IV Battaglione: 19 ufficiali, 58 sottufficiali e 184 militi, per un totale di 261 uomini
• V Battaglione: 7 ufficiali, 105 sottufficiali e 334 militi, per un totale di 446 uomini
• Battaglione Complementi: 10 ufficiali, 79 sottufficiali e 264 militi, per un totale di 353
• Compagnia Deposito: 7 ufficiali, 56 sottufficiali e 627 militi, per un totale di 690[15]
• Compagnia Autonoma Guardia di Finanza: 4 ufficiali, 34 sottufficiali e 243 militi, per un totale di 281uomini

Complessivamente, quindi, a tale data il Reggimento constava di 92 ufficiali, 451 sottufficiali e 2319 militi, per un totale di 2862[16] uomini.

Secondo la documentazione reperita, nel febbraio 1945 il 5° Reggimento aveva un organico di 85 ufficiali e 1733 tra sottufficiali e militi, probabilmente senza conteggiare gli effettivi della Compagnia Deposito.

Caduti

Alla fine di ottobre 1944 erano 194 i caduti accertati, 118 feriti e 199 dispersi da considerarsi caduti. Le perdite negli ultimi mesi del conflitto possono essere stimate in circa un altro centinaio di uomini, feriti esclusi.

Centro Preparazione S.A.F.

Per il personale del Servizio Ausiliario Femminile impiegato dai reparti della M.D.T. fu costituita un'apposita scuola, il Centro Preparazione S.A.F., dislocata a Pola. Il Centro era al comando della Capo Nucleo Clara Del Fabbro.

M.D.T. Confinaria

La M.D.T. Confinaria trasse origine dalla M.V.S.N. di Frontiera, dalla quale ereditò i compiti: vigilanza dei passi, delle vallate, delle centrali elettriche e delle strade di montagna. Era orga-

---
15 Il dato è estremamente elevato e non giustificato.
16 Secondo un'altra fonte, l'organico totale del 5° Reggimento "Friuli" alla stessa data era di 2.904 uomini.

nizzata su 1 Battaglione e 3 Compagnie Autonome:

- 1° Battaglione M.D.T. Confinaria a Trieste[17] - Comandante: Maggiore Oderico Rieppi
- Compagnia Autonoma M.D.T. Confinaria a Tolmezzo - Comandante: Capitano Hosner Zimbelli
- Compagnia Autonoma M.D.T. Confinaria a Fiume - Comandante: Tenente Antonio Facchetti
- Compagnia Autonoma M.D.T. Confinaria a Tarvisio - Comandante: Capitano Vittorio Falcone

A questi nuovi reparti fu affidata la sorveglianza diretta delle zone immediatamente adiacenti alla linea di frontiera, con il compito di assicurare che nessun valico, o colle, o accesso, per quanto malagevole, potesse sfuggire al controllo e consentire infiltrazioni di partigiani titini.

M.D.T. Speciali

Così come successo per la G.N.R., anche la M.D.T. ereditò dai ranghi della disciolta M.V.S.N., le cosiddette Milizia Speciali, cioè quei reparti specificatamente costituiti per assolvere a compiti d'istituto ben identificati: Postelegrafonica, Forestale, Ferroviaria, Portuaria e Stradale. La grande maggioranza dei militi delle Milizie Speciali provenivano dai ranghi delle preesistenti unità, anche se furono presenti giovani militi, che avevano chiesto l'arruolamento in questi reparti sia volontariamente. I reparti delle M.D.T. Speciali erano dislocati tra Trieste, Gorizia, Fiume, Pola e Udine, coprendo però tutto il territorio dell'O.Z.A.K. anche con piccoli presidi locali:

- Milizia Difesa Territoriale Postelegrafonica
  - Comando: Trieste - Comandante: Tenente Federico Raciti
  - Reparto "Fiume" - Comandante: Tenente Ciro Paliotti
- Milizia Difesa Territoriale Forestale
  - Dislocazioni: Udine, Gorizia, Pola, Fiume
- Milizia Difesa Territoriale Portuale
  - Battaglione M.D.T. Portuale a Trieste - Comandante: Maggiore Giovanni Roman
  - Distaccamenti: Pola - Fiume (Comandante Capitano Pietro Danieli)
- Milizia Difesa Territoriale Ferroviaria
  - Battaglione M.D.T. Ferroviario - Comandante: Colonnello Minacapilli
  - Nucleo Trieste e Trieste-Mare
  - Comandi di Stazione: Fiume, Gemona, Gorizia, Mattuglie, Pola, Pontebba, Tarvisio, Udine
  - Distaccamenti: Piedicolle, Canale d'Isonzo, Gorizia Montesanto
- Milizia Difesa Territoriale Stradale

Numericamente le M.D.T. Speciali allinearono:

- Postelegrafonica   160 uomini
- Forestale   180 uomini
- Ferroviaria   170 uomini
- Portuaria   120 uomini
- Stradale   130 uomini

per un totale di non più di 760 effettivi.

---

[17] Talora indicato anche come *"Battaglione Mobile Confinario della Milizia Difesa Territoriale"*

Armamento ed uniformi della M.D.T.

L'armamento individuale distribuito ai legionari della M.D.T. era quello tipico della fanteria italiana dell'inizio del secondo conflitto mondiale: fucile e moschetto '91, fucile mitragliatore Breda 30, pistole Beretta 34, qualche MAB, bombe a mano e, dopo i primi mesi, anche pistole mitragliatrici e fucili mitragliatori catturati ai partigiani ed agli aviolanci Alleati. L'armamento di squadra era sostanzialmente composto da mitragliatrici Breda 37 e Fiat 35, ambedue in calibro 8, mortai Brixia da 45mm e da 81mm. Erano presenti anche alcune mitragliere italiane da 20mm, utilizzate sia in funzione contraerea sia per il fuoco d'appoggio, inoltre il 4° Reggimento "Gorizia" aveva in servizio almeno 3 mitragliere da 20mm quadrinate, di origine tedesca, per la difesa antiaerea dei ponti.

Non è nota la tipologia degli automezzi in servizio presso i reparti dei Reggimenti della M.D.T., né il loro numero, tuttavia dalle evidenze fotografiche e dalle testimonianze dei Reduci, si può affermare che gli autoveicoli in servizio dovevano essere in numero sufficiente a garantire le esigenze operative. I Reggimenti della M.D.T. non avevano autoblindo o carri armati in servizio, ad eccezione, come abbiamo visto, del 2° Reggimento "Istria".

L'approvvigionamento delle uniformi e degli equipaggiamenti fu, per i militi della M.D.T., molto difficoltoso, soprattutto per l'ingerenza tedesca, che rifornì i Reggimenti con il contagocce. Per questo motivo la situazione era molto confusa: per vestire ed equipaggiare si recuperò tutto il recuperabile dai magazzini del disciolto Regio Esercito e quindi la varietà di tenute era molto ampia, come testimoniato dalle fotografie. Erano molto diffuse le uniformi della disciolta Milizia in panno grigioverde, che vennero integrate, quando possibile, con le più pratiche divise modello paracadutista, sempre abbinate alla camicia nera. Scarsamente documentato l'utilizzo di uniformi estive in tela cachi, mentre furono distribuiti alcuni capi ed accessori mimetici, seppure in numero limitato.

Il copricapo comune a tutti i legionari era il berretto a busta, con visiera rigida, ma era diffusa anche la bustina senza visiera e, per i giovani provenienti dalle Scuole della G.N.R., il basco nero. I militi della M.D.T. Confinaria e Forestale continuarono a portare il berretto alpino. Sul copricapo era portato il distintivo proprio della G.N.R., ricamato, su fondo grigioverde o nero, rappresentante un fascio stilizzato, con due "M" disposte lateralmente ed un tondino sottostante, al cui centro avrebbe dovuto essere posto il numero del proprio Reggimento, prescrizione non sempre ottemperata. Era ovviamente in uso dell'elmetto M33, su cui era prevista la stampigliatura dello stesso fregio dei berretti, anche se molti legionari continuarono ad avere il precedente simbolo della M.V.S.N., come si può rilevare dall'evidenza fotografica.

Inizialmente tutti gli appartenenti alla M.D.T. portavano al bavero le fiamme nere a due punte della M.V.S.N. con i fascetti dorati, che lasciarono gradualmente il posto a fiamme nere con le "M" saettanti argentate, sostituite dal gladio con alloro a partire dal 28 agosto 1944.

Il regolamento della G.N.R. prevedeva per le milizie speciali dei fregi da berretto specifici, simili a quelli già in uso dalla M.V.S.N. ed una filettatura di diverso colore alle fiamme, anche se non sempre fu possibile adeguarsi:

- Postelegrafonica e Ferroviaria: rosso
- Forestale e Confinaria: verde
- Portuaria: cremisi
- Stradale: azzurro.

▲ Il Colonnello Attilio De Lorenzi, comandante del 5° Reggimento Milizia Difesa Territoriale "Friuli" (Pisanò).

▲ Legionari del Reggimento "Friuli" di guardia ad una linea ferroviaria nell'estate 1944. La fotografia permette di apprezzare l'equipaggiamento e l'armamento dei militi della M.D.T., basato sostanzialmente su armi individuali del Regio Esercito. Entrambi hanno in dotazione il pugnale che era distribuito agli appartenenti alla M.V.S.N. (Pisanò).

▲ Postazione contraerea, posizionata su una torretta in legno, del 5° Reggimento M.D.T. (Pisanò).

▲ Militi della M.D.T. Confinaria in perlustrazione (Arena).

▼ Il gruppo di militi della Confinaria raggiungono Piano d'Arta, località nei pressi di Tolmezzo, con in testa la bandiera del reparto (Pisanò).

▲ Sequenza di immagini della cerimonia di giuramento di un gruppo di militi della Compagnia Autonoma M.D.T. Confinaria di Tolmezzo: i militi in marcia (Pisanò).

▲ Schieramento dei militi della Compagnia Autnoma M.D.T. sull'attenti (Pisanò).

▼ Il momento più significativo della cerimonia di giuramento: il bacio al Tricolore (Pisanò).

▲ Le foto permettono di apprezzare l'uniforme di questi soldati, che si rifà alla tradizione alpina, in quanto impegnati nel controllo delle frontiere nazionali (Pisanò).

DISTINTIVI M.D.T.

Fregio da berretto e fiamme nere a due punte con fascetti della disciolta M.V.S.N., impiegati per tutto il 1943 dagli appartenenti alla Milizia Difesa Territoriale.

Scudetto da braccio della Compagnia *"Mazza di Ferro"* del 2° Reggimento *"Istria"*

DISTINTIVI M.D.T.

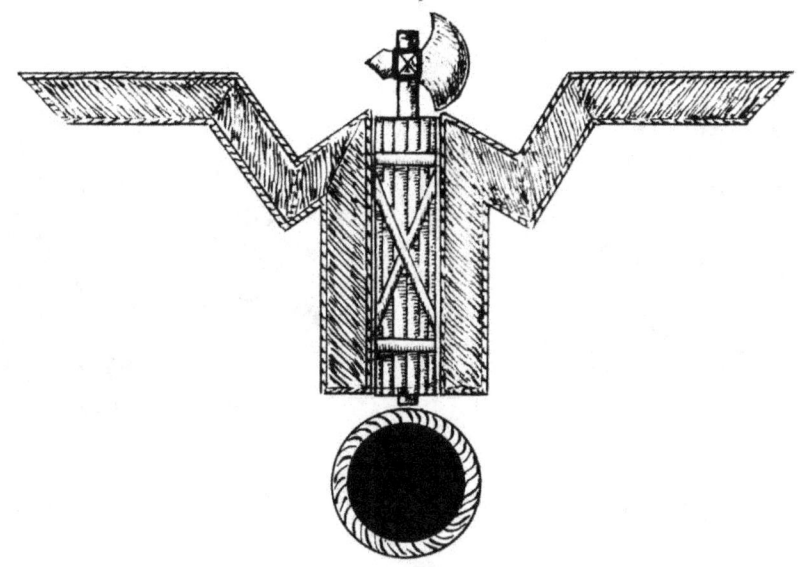

Fregio da berretto adottato dopo la costituzione della G.N.R.

Fiamme nere da bavero con le "M" saettanti

Fiamme nere da bavero con i gladi, introdotti dal 28 agosto 1944

FREGI DA BERRETTO M.D.T. SPECIALI

M.D.T. Confinaria

M.D.T. Postelegrafonica

M.D.T. Forestale

M.D.T. Portuale

M.D.T. Ferroviaria

M.D.T. Stradale

LE GUARDIE CIVICHE NELL'O.Z.A.K.

Dopo che i territori italiani del Friuli e dell'Istria furono inglobati nel Reich, come conseguenza dell'Armistizio dell'8 settembre, il Galautier della Carinzia Rainer, massima autorità tedesca sull'O.Z.A.K, emanò un bando nel novembre 1943 che imponeva il servizio di guerra agli uomini abili alle armi, servizio da prestare presso forze di difesa territoriale o nell'Organizzazione T.O.D.T. Di fatto questo bando poneva i giovani italiani di fronte all'ardua scelta di accettare di prestare servizio nelle milizie tedesche o di fornire manodopera coatta e le uniche alternative possibili per evitare questo arruolamento forzoso erano o di presentarsi come volontari ai reparti della Repubblica Sociale[18], che si stavano formando nella regione, o di darsi alla macchia, unendosi alle formazioni partigiane italiane o jugoslave. Le autorità germaniche si resero ben presto conto che la maggioranza dei richiamati avrebbe optato per queste ultime soluzioni e dovettero dunque correre ai ripari, consentendo la costituzione di una forza paramilitare con compiti di polizia, dotata di uniformi italiane ed ufficiali italiani, grazie anche allo sforzo congiunto del Prefetto e del Podestà di Trieste[19]. Con la denominazione di "Guardia Civica" vennero dunque costituiti, nell'ordine, quattro corpi militari a Trieste, Gorizia, Capodistria e Pordenone[20]. Le Guardie Civiche furono percepite dalle autorità tedesche, da quelle italiane e dalla popolazione in modi molto differenti. In primo luogo, i Tedeschi, oltre ad avere decretato la creazione delle Guardie Civiche per evitare un'emorragia di uomini validi verso altre forze militari o verso i movimenti partigiani, concepirono ed organizzarono questi corpi con lo scopo di irrobustire la struttura di contenimento del movimento partigiano inserendo elementi locali, portando contemporaneamente ad una progressiva germanizzazione dell'area. Le autorità italiane, di contro, videro nelle Guardie Civiche una buona via per evitare l'arruolamento forzoso nei reparti lavoratori e nelle forze armate tedesche di vasti strati della popolazione. Per gli abitanti della regione, infine, l'arruolamento nelle Guardie fu visto, in un contesto di potere assolutamente in bilico, come un buon compromesso per non esporsi in maniera eccessiva né a sostegno degli occupanti, né della Repubblica Sociale, né del movimento resistenziale. Questo farà sì che le Guardie Civiche furono di fatto una congerie di antifascisti, di fascisti e di sostenitori del Reich, esponendo, soprattutto negli ultimi periodi di guerra, i propri appartenenti a repressioni provenienti da più parti.

L'arruolamento nella Guardia Civica fu pubblicizzato alla popolazione come la possibilità di entrare a fare parte di un organismo a base locale, impiegato in compiti non gravosi e soprattutto non continuativi, che permetteva quindi agli appartenenti di proseguire in maniera regolare la propria vita quotidiana, senza allontanarsi dalla famiglia e perdere il lavoro[21]. A tale proposito citiamo il testo di un manifesto comparso già alla fine del 1943 ad Isola (ora Izola in Slovenia):

"La Guardia Civica ha esclusivamente lo scopo di tutelare l'ordine pubblico cittadino e di salvaguardare

---

18 In realtà il Capo di Stato Maggiore generale Mischi riferì che la percentuale degli aderenti volontari ai reparti della R.S.I. fu molto bassa, tanto da definirla "deprimente".
19 L'idea in verità non era completamente nuova. Infatti, per esempio, già nell'agosto 1942 l'arcivescovo di Gorizia monsignor Margotti inviò una lettera alla Prefettura della città, nella quale sosteneva l'opportunità di creare una milizia su base locale. Il prelato suggeriva di *"[...] costituire in ogni paese una Guardia Civile formata da elementi del posto, in grado, proprio per questo, di essere impiegata efficacemente nella ricerca e nella repressione delle bande comuniste e partigiane"*.
20 In alcuni documenti relativi alla città di Fiume viene nominata anche una "Milizia Civica Italiana", nella quale avrebbero chiesto di essere arruolati 250 giovani fiumani, in seguito al bando di richiamo dei coscritti emanato da Rainer.
21 La possibilità di poter continuare a curare il proprio lavoro ed i propri affari fece presa soprattutto sulla borghesia delle zone costiere, che aderì in maniera abbastanza entusiasta ai bandi di arruolamento per le Guardie Civiche, che rappresentarono per loro una valida alternativa al movimento resistenziale, carico di rischi ed incognite.

la proprietà privata in caso di emergenza, escluso qualsiasi altro impiego [...]. Non è richiesto nessun servizio continuativo cosicché ogni cittadino potrà partecipare a tale istituzione senza pregiudizio dei propri interessi e delle proprie occupazioni[22]".

Le Guardie Civiche furono strettamente interconnesse con i Reggimenti M.D.T., espletando le stesse funzioni di presidio e controllo del territorio previste per la M.D.T. e, anzi, in alcuni casi, andando a sovrapporre le proprie competenze.

La Guardia Civica di Trieste

Sul finire del 1943 si diffuse la convinzione tra le autorità triestine che parte del territorio friulano potesse essere annesso all'Austria. Accanto a questo ipotetico rischio ve ne era uno più concreto, cioè l'occupazione della città da parte dei partigiani titini. Fu questo contesto di incertezza e di pericolo che spinse il Podestà di Trieste Cesare Pagnini a negoziare con le autorità militari tedesche la costituzione di un reparto armato posto alle sue dirette dipendenze. In un primo tempo i tedeschi si dimostrarono refrattari a questa iniziativa, preferendo di gran lunga la costituzione di un'unità militare da inserire nella fila della Polizei delle SS. Il Podestà Pagnini non si lasciò intimidire e proseguì imperterrito nella concretizzazione di questo progetto e, finalmente, l'11 gennaio 1944 fu emanato il bando di arruolamento per la cosiddetta "Guardia Civica", un corpo armato che doveva garantire l'ordine pubblico, preservando la città da qualsiasi minaccia militare e politica. L'arruolamento doveva svolgersi su base volontaria (inizialmente aperto alle classi dal 1920 al 1924, fu ben presto esteso anche a classi precedenti) e le aspiranti Guardie avrebbero dovuto, nelle intenzioni del Podestà, avere amore e fede verso la Patria. I compiti del corpo erano la sicurezza della città, la protezione antiaerea ed antincendio; la bandiera era quella del Comune di Trieste, dato che quella italiana era stata vietata in città dalle autorità germaniche l'11 novembre 1943. La Guardia prese successivamente parte anche ad azioni di repressione del fenomeno partigiano sul Carso e si occupò anche di ricercare i renitenti alla leva ed al servizio lavorativo per i tedeschi.

Il bando fu un successo da subito, una cinquantina tra ufficiali e sottufficiali del disciolto Regio Esercito aderirono immediatamente; a regime la Guardia raggiunse la consistenza di 1.600 uomini, organizzati su due Battaglioni e due Batterie contraeree. I tedeschi però riuscirono ad esercitare un controllo stretto e diretto sulla Guardia Civica, attraverso il generale delle SS Von Malsen ed il Colonnello Temtet ed anche il nome ufficiale del reparto, secondo le autorità tedesche, era comunque "*Stadtschutz Triest*". Fu imposto addirittura che l'addestramento fosse tenuto da istruttori tedeschi delle SS e della Polizei[23], comandati dal Generale Erasmus von Malsen inizialmente si tentò anche di vestire il corpo con uniformi delle SS. Queste furono però rifiutate categoricamente dalle Guardie e Pagnini riuscì a dotare il corpo di una propria uniforme in panno grigioverde dal taglio peculiare, realizzata dalla ditta Beltrami[24]; la stessa manifattura confezionò anche un'uniforme estiva di taglio simile a quella invernale in cotone cachi. L'uniforme fu completata con delle mostrine romboidali di colore amaranto

---

22 Descrivere l'organismo delle Guardie in questo modo permise alle autorità germaniche di mettere a tacere i timori italiani di germanizzazione dell'O.Z.A.K. e di fare apparire questi reparti come unità autonome e non legate agli interessi del Reich.
23 Gli ufficiali seguivano uno speciale corso tenuto dalle SS a Duino (TS).
24 In un primo momento non si poté fare altro che attingere ai magazzini del disciolto Regio Esercito per equipaggiare i militi, in attesa di una specifica uniforme. Anche quando fu adottata la divisa peculiare del corpo, gli aspiranti impiegavano la divisa da fatica in tela grigia del Regio Esercito durante i corsi di addestramento. Con il passare dei mesi però la difficile economia di guerra impose il recupero del "recuperabile" lasciando all'iniziativa personale la discrezione del corredo, che continuò a mantenere però il segno distintivo delle mostrine rosse con l'Alabarda simbolo di Trieste.

con l'alabarda argentata, simbolo della città di Trieste. I corsi iniziarono nel febbraio del 1944; duravano 40 giorni ciascuno ed il primo corso, formato dai graduati del Regio Esercito che avevano risposto immantinente al bando, fu tenuto presso le scuole elementari di via Combi. Da questa prima tornata uscirono i coordinatori che, in un secondo momento, affiancati da sottufficiali tedeschi, addestrarono tutti gli altri volontari.

La prima attività svolta dalla Guardia fu il recupero delle armi abbandonate dai Carabinieri e dalla Guardia di Finanza, armi che permisero di migliorare l'equipaggiamento del corpo[25]. Dopo avere saputo che il giuramento doveva essere firmato sia in lingua italiana che tedesca Alcuni allievi ufficiali della Guardi Civica si dimostrarono recalcitranti e furono pertanto convocati presso il Comando del Generale Globocnik, il quale li avvertì che avrebbe ritenuto nemici tutti coloro che non avessero firmato[26]. Il 13 maggio il corpo della Guardia Civica assunse ufficialmente ruoli, gradi e mansioni, entrando di fatto in servizio effettivo[27].

Trieste fu duramente colpita da un bombardamento alleato il 10 giugno 1944 ed i militi della Guardia furono impiegati nella pietosa opera di soccorso alla popolazione e, in seguito a questo attacco, furono organizzati numerosi distaccamenti, a presidio dei punti strategici del capoluogo friulano ed il 25 luglio la Guardia occupò tutte le Stazioni dei Carabinieri al di fuori della città, prima che finissero sotto il controllo della Polizei tedesca. Furono posti distaccamenti anche lungo le linee ferroviarie, spesso controllati da pattuglie miste, composte da guardie civiche e da militari tedeschi inadatti all'attività di prima linea.

In seguito all'occupazione delle Stazioni dell'Arma ed alla costituzione dei presidi, dislocati intorno alla città, la Guardia assunse questa struttura[28]:
- Comandante in capo: Colonnello Cesare Pagnini[29];
- Comandante Militare effettivo: Capitano Giulio Motka;
- Aiutante Maggiore: Tenente Steno Pirnetti;
- Amministrazione: Capitano Raimondo Marpugo poi Tenente Ettore Franchi;
- Arruolamento: Colonnello Renato Duse;
- 1° Battaglione (Trieste – Caserma Podgora con 15 distaccamenti):
  - 1ª Compagnia;
  - 2ª Compagnia;
  - 3ª Compagnia;
  - 4ª Compagnia;
- 2° Battaglione (Trieste – Scuole Elementari di via San Giorgio):
  - 5ª Compagnia;
  - 6ª Compagnia;
  - 7ª Compagnia;

---

25 Una parte di queste armi furono occultate clandestinamente sia da elementi filofascisti, sia da elementi vicini al movimento resistenziale, per poter essere impiegate in futuri momenti di bisogno.

26 Secondo la testimonianza dell'allievo ufficiale Bruno Steffè, solo lui ed altri tre allievi rifiutarono in maniera definitiva di sottoscrivere la formula di giuramento così concepita.

27 Il testo del giuramento della Guardia Civica era infatti bilingue e veniva recitato dapprima in tedesco, segnale della subordinazione del Corpo alle autorità germaniche. Il testo completo diceva: *"Conscio del mio dovere, postomi di mia volontà, giuro innanzi a Dio, l'Onnipotente, di ubbidire incondizionatamente agli ordini dei miei superiori e di impugnare le armi contro i nemici della mia Patria e di combattere con fedeltà e coraggio nella formazione sotto le direttive tedesche. Io sono pronto a lasciare la mia vita per questa lotta. Così sia e Iddio mi aiuti!"*. Alcuni allievi ufficiali della Guardi Civica si dimostrarono recalcitranti a prestare questo giuramento, dopo avere saputo che doveva essere firmato sia in lingua italiana che tedesca. Furono pertanto convocati presso il Comando del Generale Globocnik, il quale li avvertì che avrebbe ritenuto nemici tutti coloro che non avessero firmato.

28 Organigramma riferito al 25 luglio 1944.

29 Il Podestà Pagnini ebbe questo incarico (ed il relativo grado militare) a solo titolo onorifico, non esercitando di fatto alcun comando effettivo.

- 8ª Compagnia;

Il secondo Battaglione sarà successivamente sciolto per ordine del Comando Tedesco e molti effettivi saranno destinati a nuclei di lavoro obbligatorio.

Con il passare dei mesi alcune Guardie Civiche, per decisione personale, iniziarono ad appoggiare clandestinamente l'attività della Resistenza. Formando piccoli gruppi di resistenza partigiana all'interno della Guardia, si impossessarono di nascosto di armi che tentarono di passare ai gruppi armati del Corpo Volontari per la Libertà, ma molti di costoro furono scoperti ed arrestati dai tedeschi e passati per le armi od internati a San Sabba.

I rapporti tra la Guardia Civica di Trieste ed il Partito Fascista Repubblicano furono piuttosto tesi, soprattutto a causa della totale indipendenza della milizia cittadina proprio dal Partito. Anche le relazioni con le forze partigiane furono improntate sulla diffidenza, dal momento che la Guardia veniva ritenuta una milizia filofascista. In realtà non è possibile collocare esattamente la posizione dell'unità creata dal Podestà Pagnini nel variegato universo dei reparti repubblicani: se da un lato sicuramente all'interno della Guardia era presente una corrente che, come abbiamo visto, appoggiava la Resistenza, seppur in maniera clandestina, dall'altro è indiscutibile il fatto che la Guardia stessa fu impiegata in attività repressive.

Nel tardo 1944 circa 200 Vigili della Guardia furono forzosamente disarmati ed inviati dalle autorità tedesche a scavare trincee sopra Trieste e nei pressi di Fiume, poiché si temeva uno sbarco alleato in Istria; solo a gennaio dell'anno successivo i Vigili poterono rientrare nei propri ranghi.

Nell'aprile 1944 la Guardia Civica di Trieste, che era arrivata ad avere più di 30 distaccamenti ed un organico di circa 1.650 uomini, aveva questa struttura:
- Comandante in capo: Colonnello Cesare Pagnini;
- Comandante Militare effettivo: Maggiore Giacomo Juraga;
- Aiutante Maggiore: Tenente Aldo Cucchi;
- Ufficio Comando: Sergente Alfonso Fabricci;
- Servizio Amministrazione: Tenente Ettore Franchi;
- Servizio Sanità: Sottotenente medico Guido Parini;
- Ufficio Propaganda: Sottotenente Mario Righi;
- Compagnia Comando: Sottotenenti Clescovich, Nemaz, Cucchi;
- Compagnia della Guardia: Tenente Steno Pirnetti;
- 1° Battaglione (Trieste – Caserma Podgora con 15 distaccamenti):
    - 1ª Compagnia;
    - 2ª Compagnia;
    - 3ª Compagnia;
    - 4ª Compagnia;
- Supporto Controcarro;
- Gruppo Artiglieria Contraerea:
    - 1ª Batteria (Opicina);
    - 2ª Batteria (Albano Vescovà).

Negli ultimi giorni di guerra la Guardia Civica di Trieste si impegnò con altre unità italiane della zona per impedire ogni atto di sabotaggio delle strutture portuali da parte dei tedeschi. Alle 5.30 del 30 aprile 1945 fu dato il segnale dell'allarme generale con le sirene della città, segnalando l'inizio dell'insurrezione. Il Municipio di Trieste fu messo sotto il presidio di una ventina di Vigili al comando del Tenente Pirnetti: furono issati un grande tricolore (per la prima volta da quando i tedeschi ne avevano vietato l'uso in città) ed una bandiera cittadina con il simbolo dell'alabarda. I presidi esterni ricevettero l'ordine di rientrare in città, ma il ritorno fu reso difficile a causa degli scontri a fuoco che si stavano verificando tra i tedeschi e le prime unità slave; più volte queste ultime intimarono inutilmente alle Guardie di deporre le armi ed arrendersi. Militari tedeschi a più riprese tentarono di convincere il presidio del Municipio ad abbandonare il palazzo comunale, ma i Vigili risposero ogni volta strenuamente sparando con tutte le loro armi. La resistenza delle Guardie asserragliate durò fino a mezzogiorno, quando giunse la notizia dell'imminente arrivo degli Alleati; dopo poche ore infatti le avanguardie neozelandesi entrarono in città. Mancò la volontà di preservare la città dall'invadenza slava, come invece era auspicato dalle autorità della Repubblica Sociale, e non si trovò un accordo grazie al quale le forze repubblicane avrebbero garantito l'italianità di Trieste: il Prefetto ed il Podestà proposero infatti di mantenere in armi la Guardia Civica a disposizione del locale C.L.N. per garantire l'ordine pubblico, ma la proposta fu categoricamente rifiutata. Alle 19 dunque il Podestà Pagnini consegnò la città nelle mani del professor Giovanni Paladin, rappresentante del C.L.N., lasciando di fatto campo libero ai titini. Poco prima la Guardia Civica, schierata nella sala dei ricevimenti del municipio, aveva ricevuto segni di riconoscimento per il sacrificio compiuto in quei confusi giorni, durante i quali erano periti 2 Vigili e non meno di 8 erano rimasti feriti. Nel frattempo, la città era stata occupata dai partigiani slavi, che immediatamente sciolsero di forza il Comitato di Liberazione Nazionale e costrinsero la Guardia alla resa. Iniziarono così i tristi quaranta giorni di occupazione jugoslava della città di Trieste, durante i quali molti Vigili furono ricercati dai partigiani titini, arrestati ed internati in campi di prigionia, dove la maggior parte di essi fu eliminato o perì per gli stenti patiti. Alla fine di dicembre 11 Vigili furono processati, condannati come criminali di guerra e fucilati a Lubiana. Il Corpo della Guardia Civica di Trieste ebbe complessivamente 112 caduti, di cui almeno 6 infoibati dai partigiani titini a Basovizza[30], e 28 tra feriti e mutilati. Cinque ufficiali ed una decina di militi, che come abbiamo visto appoggiavano il movimento resistenziale, furono deportati in Germania e solo in pochi fecero ritorno.

La Guardia Civica di Gorizia

Nel reparto goriziano furono arruolati soprattutto gli agenti della Polizia Municipale, che si era rivelata incapace di contrastare l'attività dei partigiani. La Guardia Civica di Gorizia, contrariamente alle analoghe unità sorte nel resto dell'Istria, arruolò anche militi di origine slava, in seguito alle pressioni dei Tedeschi, che puntavano, in questo modo, a sminuire l'italianità della Guardia e di umiliare, di conseguenza, gli italiani residenti nella zona. La scelta di porre un ufficiale tedesco a comando dell'unità andava nella stessa direzione, tanto che lo spirito del reparto risultò minato e venne meno, con il passare del tempo, il fine di mantenere l'italianità di Gorizia. Composta da circa 250 elementi, la Guardia Civica di Gorizia ebbe come vicecomandante il Capitano Giordano Cumar, goriziano; i caduti accertati furono più di 20, ma è plausibile che, nella realtà, siano stati più del doppio. Recenti ricerche hanno accertato

---

30 Complessivamente furono 21 le Guardie arrestate dai partigiani titini nel maggio 1945 che non fecero più ritorno; un gruppo di Guardie Civiche fu ucciso nei pressi di Duino da militari tedeschi nel 1944 ed altre perirono durante l'insurrezione partigiana, per mano tedesca.

i nomi di 5 della Guardie perite. Una di queste fu catturata nei pressi di Biglia di Gorizia il 29 novembre 1944 insieme ad altri 6 commilitoni di cui si ignora il nome. I 7 militi furono poi condotti a Ranziano, dove furono passate per le armi dagli slavi.

Il 30 Aprile 1945 le truppe tedesche si ritirarono da Gorizia e la Guardia Civica formò delle squadre armate, insieme ad agenti di Polizia della Questura, a Carabinieri, a civili e addirittura ad alcuni partigiani locali filoitaliani. Queste squadre, che avrebbero dovuto prendere il controllo della città in attesa dell'arrivo degli Alleati, sostennero degli scontri a fuoco quando giunsero i Cetnici che tentavano di entrare in Gorizia. Durante i combattimenti un sottufficiale del disciolto Regio Esercito Italiano, che militava nel C.L.N. consigliò ai militi ed agli agenti di Pubblica Sicurezza di abbandonare la città, per evitare problemi con i partigiani jugoslavi, ormai alla periferia di Gorizia. La maggior parte dei militari però rimase al proprio posto, convinta di avere compiuto solamente il proprio dovere. Molti di essi furono arrestati e deportati dai partigiani jugoslavi del IX Corpus nei giorni successivi; pochi sfuggirono alla morte durante la detenzione.

Il reparto era dotato di sole armi individuali (pistole Beretta modello 34 e 35, moschetti 91 e qualche MAB38) e di squadra leggere (fucili mitragliatori Breda 30).

La Guardia Civica di Capodistria

La nascita della Guardia Civica a Capodistria (l'attuale Koper) può essere fatta risalire al bando comparso l'11 marzo 1944[31] sui muri della città, bando che annunciava la nascita della "Guardia Territoriale di Riserva". Nonostante il bando fosse firmato dal Commissario Prefettizio Mario De Vilos ed esortasse all'arruolamento volontario nel corpo appena costituito di tutti gli uomini validi della cittadina, l'iniziativa era interamente tedesca, tanto che il corpo aveva anche la denominazione germanica di *"Landschutz"*[32]. Lo scopo di questi corpi, come abbiamo visto, era di arruolare personale da destinare alla difesa dei centri urbani, sottraendoli all'attrattiva partigiana. In via teorica, le autorità tedesche avrebbero dovuto fornire armamento leggero per il corpo e provvedere alla retribuzione degli arruolati. L'adesione fu alta (in fondo entrare nella Guardia rappresentava un modo abbastanza semplice per sfuggire agli arruolamenti forzosi sia da parte partigiana, sia tedesca che da parte fascista) e furono così creati 4 Plotoni ed una Squadra Servizi, con un organico complessivo di circa 350 uomini, 6 facenti funzione di ufficiali. L'armamento dato in dotazione inizialmente era molto scarso, una cinquantina di fucili modello 98/38, un migliaio di cartucce, un MAB, una ventina di bombe a mano; anche il vestiario consegnato alla Guardia era insufficiente: si trattava infatti di una dozzina di cappotti in panno grigioverde. Fu distribuito però a tutti, oltre ad un tesserino di riconoscimento verde, un bracciale rosso con lo stemma dell'Istria e la denominazione del corpo in italiano ed in tedesco. La Guardia aveva sede nel palazzo della Loggia; il primo

---

[31] In realtà a Capodistria esisteva un precedente: sul quotidiano triestino "Il Piccolo" del 14 novembre 1943 si ritrova infatti un articolo intitolato "La Guardia Civica costituita a Capodistria". Il giorno prima, sulla piazza centrale della città, si era tenuta una manifestazione a sostegno delle Forze Armate repubblicane, con l'intento di incentivare il volontarismo degli abitanti della zona. È probabile che in tale occasione furono gettate le basi per la costituzione del corpo civico capodistriano. Nominalmente aveva un organico di 350 uomini ed era al comando di tal Paolo Almerigogna, in appoggio ad un Comitato di Salute Pubblica, formato in quei convulsi giorni. Questa Guardia ebbe vita breve e fu sciolta dopo solo pochi giorni.

[32] Questa denominazione appare in contraddizione con il carattere cittadino della Guardia di Capodistria: *"Landschutz"* è un termine che si riferisce ad una unità di difesa territoriale, con compiti estesi ad un territorio molto vasto, non certo circoscritto ad una città ed alle aree ad essa limitrofe. In questo caso la denominazione corretta sarebbe, come per la Guardia Civica di Trieste, *"Stadtschutz"*.

comandante fu il dottor Antonio Padovan, già Capitano del Regio Esercito, a cui successe molto presto il Tenente Paolo Paulin, maestro elementare, che, per dissapori con le autorità fasciste e tedesche, dovette lasciare il comando, arruolandosi nella X MAS di stanza a Pola, al Tenente Bruno Busan, promosso Capitano. Ad Aldo Cherin e Lauro Ghitter, già Sottotenenti dell'Esercito prima dell'Armistizio, fu affidato l'incarico di Aiutanti, così come altri ufficiali del disciolto Regio Esercito assolsero la funzione di ufficiali di ispezione. L'addestramento alle armi ed al comportamento in servizio veniva impartito nel cortile Maggiore del convento di Santa Chiara. Il servizio di guardia era svolto da 4 pattuglie di 3 uomini ciascuna, dal tramonto del sole, fino all'alba; compito principale delle pattuglie era il controllo dell'oscuramento e del coprifuoco. Altri uomini erano distaccati in due postazioni di guardia fisse (una sul Fondo Almerigogna ed una sul Fondo Calda) ed un servizio di avvistamento, composto da due uomini, vigilava dal campanile della cattedrale, per segnalare l'arrivo di aerei isolati, che potevano mitragliare a bassa quota. Una dozzina di militi fu successivamente inviata a presidio del ponte sul fiume Risano, obiettivo di sabotaggi partigiani, insieme ad alcune Guardie di Finanza in borghese. La Guardia di Capodistria organizzò presso la propria sede anche un ricovero dormitorio per i viaggiatori sorpresi dal coprifuoco, che potevano così trovare ospitalità per la notte. La Guardia Territoriale di Riserva assorbì la Milizia Ausiliaria della M.D.T., poiché espletavano gli stessi compiti[33]. La Guardia era malvista dagli appartenenti al Partito Fascista Repubblicano, con cui inizialmente condivideva il servizio di pattuglia; è comunque da rilevare che, effettivamente, come si scoprirà nei giorni dell'insurrezione partigiana, un gruppo di militi, tra cui lo stesso comandante Busan, avesse intessuto relazioni con il Comitato Nazionale di Liberazione clandestino. Questa interazione era così forte da indurre il Commissario Prefettizio, nei primi giorni di aprile, a tentare di convincere il Capitano Bruno Busan ad agire come intermediario presso il C.L.N. per un ordinato trapasso dei poteri da parte delle autorità fasciste, purtroppo senza alcun successo. Nel timore che i tedeschi potessero far brillare le mine che avevano posizionato nel porto cittadino, Capodistria fu messa in allarme a partire dalle ore 23 del 27 aprile. La mattina del 28 i tedeschi ritirarono i loro presidi più avanzati, compreso quello del ponte del Risano; il distaccamento della Guardia, comandato da Aldo Cherini, prese atto della situazione, scoprendo così che nella casa cantoniera i soldati germanici avevano abbandonato molto materiale nella fretta di fuggire. Il distaccamento, per non rimanere isolato, mise in atto il piano di ritirata verso la città, previsto ormai già da giorni. Con l'aiuto di un pescatore, gli uomini furono imbarcati alla foce del fiume Risano, evitando così il ripiegamento via terra, che sarebbe potuto risultare pericoloso per via delle prime bande partigiane che si stavano muovendo. Nella notte tra il 28 ed il 29 aprile il locale presidio della M.D.T. si sciolse, abbandonando armi e materiali, dopo che era rientrato in città il distaccamento di Buie. Una piccola colonna della Milizia prese così la via di Trieste ed alcuni ufficiali e militi chiesero di poter avere degli abiti civili al Comando della Guardia alla Loggia; l'ultimo gruppo di legionari lasciò Capodistria a bordo di un autocarro alle prime luci dell'alba. La mattina del 29 aprile la Guardia Territoriale si trovò così ad essere l'unico corpo italiano organizzato a difesa della città, insieme a qualche Carabiniere e poche Guardie di Finanza. La Guardia dunque si organizzò per garantire l'ordine pubblico, piantonando l'ufficio postale, la sede della Cassa di Risparmio dell'Istria, del cantiere navale, degli uffici pubblici e

---

[33] Il Corpo di Milizia Ausiliaria era stato creato nel dicembre 1943 in seno al 2° Reggimento Milizia di Difesa Territoriale; era composta da civili militarizzati, ma privi di uniformi, e svolgeva compiti di ordine interno, identici a quelli affidati successivamente alla "Landschutz".

dei magazzini di viveri. Molte delle armi abbandonate dalla Milizia in fuga furono recuperate dalla Guardia e depositate presso il Comando alla Loggia. Non fu possibile rastrellare tutte le armi abbandonate, perché alcuni elementi, che appoggiavano segretamente i partigiani titini, riuscirono a trafugarne una parte fuori città.

Il 29 aprile la strada provinciale che portava a Trieste era ingombra dalle autocolonne tedesche che da Pola stavano ripiegando sul capoluogo friulano e la loro presenza era sufficiente a tenere lontani i partigiani slavi da Capodistria. Nella cittadina gli abitanti speravano in un imminente arrivo delle truppe angloamericane, gli aderenti al C.L.N. locale invece attendevano, invano, l'arrivo di una formazione militare italiana, mentre i sostenitori titini anelavano ad un rapido cambio di regime. Intorno alle 13 le batterie tedesche di Punta Grossa iniziarono un debole bombardamento della città, credendola già occupata dai partigiani. Il fuoco dei cannoni, nonostante si fosse protratto per molte ore, non provocò vittime.

L'ultimo distaccamento tedesco presente in città, quello del porto, fu avvicinato da un rappresentante del C.L.N., accompagnato dal Capitano della Guardia Bruno Busan, che, come abbiamo visto, aveva intessuto relazioni clandestine con il Comitato. Il comandante tedesco rifiutò le proposte di resa dei partigiani, assicurando però che avrebbe allontanato i suoi uomini da Capodistria e, se non minacciato, che non avrebbe fatto brillare le mine del porto. Il Capitano Busan fece comunque predisporre un servizio di vigilanza, in modo che si potesse intervenire in maniera tempestiva per evitare l'esplosione delle mine. La mattina del 30 aprile intorno alle 4 i Tedeschi lasciarono Capodistria a bordo del piroscafo "Italia", che avevano sequestrato tempo prima, e sul quale si erano frettolosamente imbarcati gli ultimi legionari ritardatari della Milizia. Il futuro della Guardia Territoriale di Riserva era ormai già segnato quando intervenne per l'ultima volta poco dopo la partenza dei militati tedeschi, per disperdere un gruppo di sostenitori del movimento slavo comunista che si era concentrato fuori dalla Porta della Muda, dopo avere rastrellato le armi abbandonate in città. I partigiani slavi occuparono la città poche ore dopo; la Guardia Territoriale di Riserva fu tollerata dalle autorità titine solo per pochi giorni, per poi essere sciolta di forza.

La Guardia Civica di Pordenone

Purtroppo, sono scarsissime le informazioni reperite sull'ultimo dei quattro reparti di Guardia Civica, quello di Pordenone. Si sa solamente che fu costituita nel '44, era comandata dal Sottotenente Pietro Colombo ed il vicecomandante era il Sottotenente Mario Zagnis.

COMUNE DI TRIESTE

COSTITUZIONE DI UNA GUARDIA CIVICA

Concittadini!

Il disorientamento e la disgregazione di questi ultimi mesi, la sorte toccata recentemente a città a noi particolarmente care ci hanno dato il triste insegnamento che soltanto le collettività che sanno difendersi combattendo hanno sicurezza di vita.

Per garantire l'ordine e l'intangibilità della nostra Trieste da qualsiasi minaccia, ho deciso di istituire, alla mia diretta ed esclusiva dipendenza, la guardia civica, che dovrà essere composta dai giovani migliori, i quali, pur nel disordine generale, hanno conservata immutata la fede nella Patria e nella saldezza della gente di questa nostra regione.

Ad essi mi rivolgo, da italiano ad italiani, da fratello a fratelli e commetto nelle loro mani la vita dei cittadini, l'onore della città e un simbolo incontaminato: l'alabarda di S. Sergio.

Ispirato a questi principi, che discendono dalle nostre più pure tradizioni, il Corpo, al quale vi chiamo, non può che avere a base un carattere volontaristico ed il proposito di assolvere un altissimo dovere civico. Per tal motivo ritengo che non debba costituire un'attività esclusiva, ma compatibile, sia pure con qualche limitazione, con le ordinarie occupazioni di tutti coloro che, avendone i requisiti, sentiranno il bisogno e l'orgoglio di assolverla.

Le domande di arruolamento, stese su moduli forniti dall'Amministrazione, saranno accolte nei giorni feriali dal 15 al 22 del corrente mese, dalle ore 9 alle ore 12 e dalle ore 15.30 alle ore 17.30, nella sala della Consulta al I. piano del Palazzo municipale (ingresso dal portone n. 1 di via Procureria).

Le assegnazioni ai vari gradi e la fissazione degli assegni saranno da me disposte dopo raccolte ed esaminate le domande di arruolamento.

Per essere arruolati occorrono i seguenti requisiti:

1) appartenere alle classi dal 1900 al 1926;
2) essere incensurati;
3) essere fermamente risoluti ad operare per la salvezza e l'onore della città.

Dal Palazzo di città, 11 gennaio 1944-XXII

IL PODESTA'
avv. CESARE PAGNINI

▲ Manifesto che sancisce la costituzione della Guardi Civica triestina e chiama i cittadini all'adesione.

▲ Schieramento della Guardia Civica di Trieste durante il corso Guardie; tutti gli allievi indossano l'uniforme da fatica del disciolto Regio Esercito.

▼ Un gruppo di militari della Guardia Civica di Trieste sfila al capo della Polizei di Trieste, Comandante di Brigata SS. von Malsen il 12 agosto 1944 (Adria Illustrierte).

▲ Militi della Guardia Civica impiegati nell'opera di soccorso alla popolazione civile, dopo il bombardamento alleato che colpì Trieste il 10 giugno 1944.

▲ Un milite della Guardia triestina in uniforme ordinaria invernale tra l'SS- Brigadeführer Erasmus von Malsen ed il Podestà di Trieste Cesare Pagnini (Arena).

STADTSCHUTZ - TRIEST
GUARDIA CIVICA
I. BATAILLON

Akz. _____ Triest, 2 novembre 1944

DICHIARAZIONE

Si dichiara che il vig. ███████████
appartiene alla Guardia Civica di Trieste ed è nella forza effet=
tiva della 4a. Compagnia.=

IL CAPITANO COMANDANTE
(Giulio Moska)

▲ Dichiarazione di appartenenza di un Vigile (come venivano chiamati gli appartenenti al reparto) alla Guardia Civica di Trieste. Il documento è molto interessante, perché riporta l'intestazione in tedesco ed in italiano e reca i timbri bilingue della 4a Compagnia del 1° Battaglione e del 1° Battaglione stesso, oltre alla firma del Comandante di Compagnia, Capitano Moska.

▼ Gruppo di Guardie e di Graduati; un milite indossa una giubba in tessuto mimetico italiano fuori ordinanza.

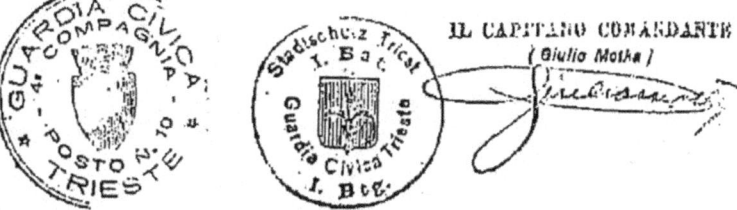

COMUNE DI TRIESTE

GUARDIA CIVICA
STADTSCHUTZE
GUARDIA CIVICA TRIESTE
Comando 1ª Compagnia

(1)

RUOLINO TASCABILE

DELLA

FORZA DEL SUINDICATO REPARTO

Copia tenuta dal (2)

(1) Compagnia
(2) Comandante di compagnia o subalterno

LA EDITORIALE LIBRARIA S. A.
TRIESTE

▲ Ruolino tascabile della 1a Compagnia della Guardia Civica di Trieste.

▲ Guardia Scelta del corpo di Trieste durante un pattugliamento.

▲ Immagine scattata durante una mostra tenutasi a Trieste dedicata alla Guardia Civica nel 1994; a sinistra un maresciallo con l'uniforme propria del corpo triestino, a destra, con la bandiera del reparto, un vigile con una giubba modello 40 già del Regio Esercito riadattata all'uso per la Guardia Civica.

▼ Berretto modello 42 in panno grigioverde della Guardia Civica di Trieste; il fregio metallico reca lo stemma della città ed era già utilizzato dalle Guardie Municipali triestine prima della guerra (Cucut).

▲ Mostrine della Guardia di Trieste: il fondo è cremisi, mentre la filettatura e l'alabarda sono in filo argentato (Cucut).

▼ La lapide dedicata ai caduti della Guardia Civica a Trieste, eretta dalla cittadinanza nel 2005 a sessant'anni dalla fine del secondo conflitto mondiale e più volte stupidamente danneggiata da vandali.

▲ Medaglia ricordo conferita ai veterani della Guardia Civica di Trieste. Il nastrino è rosso con un inserto bianco, e richiama i colori della città giuliana (Collezione Crippa).

▲ Cerimonia tenutasi a Capodistria il 14 novembre 1943, sulla piazza centrale della città, a sostegno dell'adesione volontaria alle Forze Armate repubblicane. In tale occasione furono gettate le basi per la costituzione del Corpo di Guardia Civica capodistriano. Sullo sfondo la Loggia cittadina, che sarà poi sede proprio della Guardia. I veicoli e gli autocarri blindati sono della Compagnia "Mazza di Ferro" di quello che sarà il 1° Reggimento Milizia Difesa Territoriale (MNZ).

BIBLIOGRAFIA

Libri

• Arena Nino, "Soli contro tutti", Edizioni Ultima Crociata, Milano, 1993

.• Arena Nino, "L'Italia in guerra 1940/45", Ermanno Albertelli Editore, Parma, 1997.

• Arena Nino, "R.S.I. – Forze Armate della Repubblica Sociale – La guerra in Italia – 1943 – 1944 – 1945", Ermanno Albertelli Editore, Parma, 2002.

• AA.VV., "Storia della Guardia Civica di Trieste 1944-1994", Associazione Guardia Civica, Trieste, 1994

• Bigai Diego, "La Guardia Civica di Trieste" in "Guerra Civile" numero 3, Editrice Il Veliero, Imperia.

• Cerceo Vincenzo, "Stadtschutz – La Guardia Civica di Trieste nel 1944 – 1945", supplemento al numero 163 – gennaio 2003 di "La nuova Alabarda e la Coda del Diavolo", Trieste, 2003.

• Cherini Aldo, "La Guardia Territoriale di Capodistria, marzo 1944 – maggio 1945", autoedizione del 1992 (ristampa maggio 2011).

• Chiussi Tommaso, Di Giusto Stefano, "Globocnik's Men in Italy, 1943-45: Abteilung R and the SS-Wachmannschaften of the Operationszone Adriatisches Küstenland", Schiffer Military History, Atglen, Pennsylvania, U.S.A., 2016.

• Colummi Cristiana, Ferrari Liliana, Nassisi Gianni, Trani Giorgio, "Storia di un esodo – Istria 1945 – 1956", Istituto Regionale per il movimento di Liberazione nel Friuli-Venezia Giulia, Trieste, 1980.

• Corbatti Sergio, Nava Marco, "...come il diamante!", Laran Editions, Bruxelles 2008.

• Crippa Paolo, "I reparti corazzati della R.S.I. 1943 – 1945", Marvia Edizioni, Voghera (PV), 2006.

• Crippa Paolo, "Italia 43 – 45 – I blindati di circostanza della Guerra Civile", Mattioli 1885, Parma, 2014.

• Crippa Paolo, "I mezzi corazzati della Guerra Civile 43 -45", Mattioli 1885, Parma, 2015.

• Crippa Paolo, Cucut Carlo, "I reparti corazzati italiani nei Balcani 1941 – 1945", Luca Cristini Editore, Zanica (BG), 2019.

• Corbanese Girolamo, Mansutti Aldo, "Storia d'Italia. Zona di Operazioni del Litorale Adriatico. I Protagonisti (settembre 1943 – maggio 1945)", Aviani & Aviani Editori, Udine, 2008.

• Cucut Carlo, "Le Forze Armate della R.S.I. 1943 – 1945 – Forze di Terra", G.M.T., Trento, 2005.

- Cucut Carlo, "Le Forze Armate della R.S.I. sul confine orientale – settembre 1943 – maggio 1945", Marvia Edizioni, Voghera (PV), 2009.

- Dalcich Torquato (pseudonimo di Aldo Quattrocchi). "Un diario (1944 – 1945), autoedizione, Firenze, 1987.

- De Ferra Claudio, "Un milione e 1", Edizioni Nuovo Fronte, 2001.

- Di Giusto Stefano, "I reparti Panzer nell'Operationszone Adriatisches Kustenland", Edizioni della Laguna, Mariano del Friuli (GO), 2002.

- Di Giusto Stefano, "Operationszone Adriatisches Kustenland. Udine Gorizia Trieste Pola Fiume e Lubiana durante l'occupazione tedesca 1943 - 1945", I.F.S.M.L., Udine, 2005.

- Giusti Maria Teresa, Rossi Aga, "Una guerra a parte. I militari italiani nei Balcani, 1940-1945", Il Mulino, Bologna, 2017.

- Guglielmi Daniele, Tallillo Andrea, Tallillo Antonio, "CarriL3. Carri Veloci, Carri leggeri, derivati", G.M.T., Trento, 2004.

- Kuchler Heinz, "Fregi, mostrine e distintivi della R.S.I.", Intergest, Milano, 1974.

- Marzetti Paolo, " Uniformi e distintivi italiani 1933 – 1945", Ermanno Albertelli Editore, Parma 1995.

- Oliva Gianni, "Foibe – Le stragi negate degli italiani della Venezia Giulia e dell'Istria", Arnoldo Mondadori Editore, Milano, 2002.

- Papo da Montona Luigi, "L'ultima bandiera. Storia del Reggimento Istria", Edizioni T.E.R., 2000.

- Pisanò Giorgio, "Gli ultimi in grigioverde", Edizioni F.P.E., Milano 1967.

- Pisanò Giorgio, "Storia della Guerra Civile in Italia", Edizioni F.P.E., Milano 1967.

- Predoević Dinko, Dimitrijević Bojan, "Oklopne postrojbe Sila Osovine na jugoistoku Europe u Drugome svjetskom ratu", Despot Infinitus d.o.o., Zagabria (Croazia), 2015.

- Roberti Giorgio, "Con fegato sano a mala guerra. Guastatori alpini genieri e Legionari della R.S.I.", Edizioni Nuovo Fronte,

- Rosignoli Guido, "R.S.I. Uniformi, distintivi, equipaggiamenti e armi 1943-45", Ermanno Albertelli Editore, Parma, 1998.

- Rustia Giorgio, "Reggimenti Milizia Difesa Territoriale – Atti, meriti e sacrifici dei Regimenti Milizia Difesa Territoriale al confine orientale italiano", Aviani & Aviani Editori, Udine, 2011.

• Sparacino Fausto, "Distintivi e medaglie della R.S.I." E.M.I., Milano, 1994.

• Sparacino Fausto, "Distintivi e medaglie della R.S.I., della Legione S.S. Italiana, dei Veterani della R.S.I." E.M.I., Milano, 1998.

Quotidiani, riviste e periodici

• "Acta" della Fondazione R.S.I. – Istituto Storico, Terranuova Bracciolini (AR), numeri vari.

• "Adria Illustrierte", numeri vari.

• "Il Piccolo", quotidiano di Trieste, numeri vari.

• "L'Arena di Pola", periodico in lingua italiana di Pola, numeri vari.

Pubblicazioni diverse

• Opuscolo della mostra "Guardia Civica di Trieste 1944 – 1945", edito a cura del Centro Regionale Studi di Storia Militare Antica e Moderna, Trieste, 1994.

• Opuscolo della mostra "Trieste 1945 - Prima e dopo 1943 - 1947", edito a cura del Centro Regionale Studi di Storia Militare Antica e Moderna, Trieste, 1995.

Altri documenti

• "Situazione dell'Istria centrale e meridionale – Estratto della relazione dell'Ufficiale M.U. in servizio presso presidi dell'Istria", 10 luglio 1944, copia fotostatica in possesso degli autori.

• "Relazione sulla situazione in Istria", senza data, copia fotostatica in possesso degli autori.

• "Rapportino sulla situazione partigiani n°1", 1° Gennaio 1945, copia fotostatica in possesso degli autori.

TITOLI GIÀ PUBBLICATI
TITLES ALREADY PUBLISHING

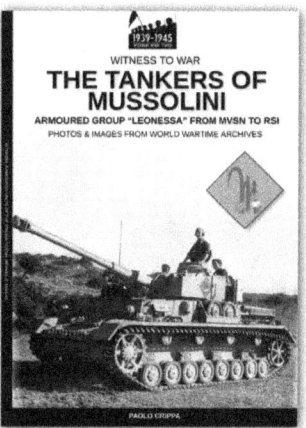
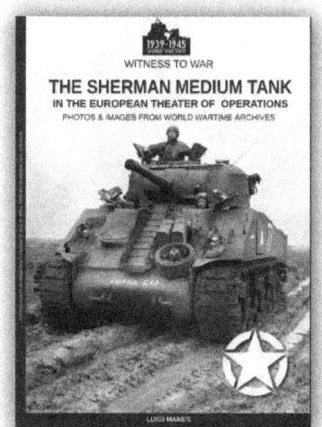

BOOKS TO COLLECT

www.ingramcontent.com/pod-product-compliance
Lightning Source LLC
LaVergne TN
LVHW081545070526
838199LV00057B/3780